MC새마을금고
일반직 6급 필기전형

제1회 모의고사

성명		생년월일	
문제 수(배점)	40문항	풀이시간	/ 40분
영역	의사소통능력, 수리능력, 문제해결능력, 조직이해능력, 대인관계능력		
비고	객관식 4지선다형		

✽ 유의사항 ✽

- 문제지 및 답안지의 해당란에 문제유형, 성명, 응시번호를 정확히 기재하세요.
- 모든 기재 및 표기사항은 "컴퓨터용 흑색 수성 사인펜"만 사용합니다.
- 예비 마킹은 중복 답안으로 판독될 수 있습니다.

1. 〈보기〉를 참조할 때, ㉠과 유사한 예로 볼 수 없는 것은?

> 어머니가 세탁기 버튼을 눌러 놓고는 텔레비전 드라마를 보고 있다. 우리가 이러한 모습을 볼 수 있는 이유는 바로 전자동 세탁기의 등장 때문이다. 전자동 세탁기는 세탁조 안에 탈수조가 있으며 탈수조 바닥에는 물과 빨랫감을 회전시키는 세탁판이 있다. 그리고 세탁조 밑에 클러치가 있는데, 클러치는 모터와 연결되어 있어서 모터의 힘을 세탁판이나 탈수조에 전달한다. 마이크로컴퓨터는 이 장치들을 제어하여 빨래를 하게 한다. 그렇다면 빨래로부터 주부들의 ㉠손을 놓게 한 전자동 세탁기는 어떻게 빨래를 하는가?

> 〈보기〉
> ㉠은 '손(을)'과 '놓다'가 결합하여, 각 단어가 지닌 원래 의미와는 다른 새로운 의미, 즉 '하던 일을 그만두거나 잠시 멈추다.'의 뜻을 나타낸다. 이렇게 두 개 이상의 단어가 만나 새로운 의미를 가지는 경우가 있다.

① 어제부터 모두들 그 식당에 <u>발을 끊었다</u>.
② 모든 학생들이 선생님 말씀에 <u>귀를 기울였다</u>.
③ 결국은 결승전에서 우리 편이 <u>무릎을 꿇었다</u>.
④ 조용히 <u>눈을 감고</u> 미래의 자신의 모습을 생각했다.

2. 다음 글을 순서에 맞게 바르게 배열한 것은?

> ㉠ 꼭 필요한 것을 빼놓아서는 안 되지만, 배낭의 무게는 자기 체중을 넘지 않는 것이 좋습니다.
> ㉡ 배낭에 물건들을 배치할 때에는 배낭의 무게가 등 전체에 골고루 분산되도록 해야 합니다.
> ㉢ 또한 가벼운 물건은 아래에, 무거운 물건은 위에 넣어야 체감 하중을 줄일 수 있습니다.
> ㉣ 등산 배낭을 꾸릴 때에는 먼저 목적지와 여행 일정을 고려해야 합니다.

① ㉠㉡㉣㉢
② ㉣㉡㉢㉠
③ ㉣㉠㉡㉢
④ ㉣㉢㉠㉡

3. 다음 밑줄 친 부분과 같은 의미로 사용된 것은?

> 마치 죽어 가는 환자 앞에서 금방 나을 병이니 아무 염려 말라고 위로하는 의사와 흡사한 태도를 <u>취하는</u> 사람이 더러 있었기 때문이다.

① 여러 가지 중에서 새것을 <u>취하다</u>.
② 그는 친구에게서 모자라는 돈을 <u>취했다</u>.
③ 수술 후 어머니는 조금씩 음식을 <u>취하기</u> 시작하셨다.
④ 아버지는 나의 직업 선택에 대하여 관망하는 듯한 태도를 <u>취하고</u> 계셨다.

▌4~6▐ 다음 글을 읽고 물음에 답하시오.

윤봉길 의사는 1908년 충남 예산에서 태어났다. ㉠어린 시절부터 남달리 애국심이 강하고 더욱이 3·1운동이 일어나자 이에 자극받아 식민지 노예교육을 배격하고 학교를 자퇴하였다. 후에 그는 최병대 문하에서 한학을 공부하고 성주록의 오치서숙에서 중국고전 등을 익히며 농민계몽·농촌부흥운동·독서회운동 등으로 농촌부흥에 전력하였다. ㉡농촌부흥과 관련된 대표적인 소설로는 심훈의 「상록수」가 있다. 그리고 1930년 ⓐ'장부가 집을 나가 살아서 돌아오지 않겠다.'란 편지를 남기고 독립운동을 위해 만주로 망명하였다. 이후 중국 상해로 건너간 윤봉길은 대한민국 임시정부의 김구를 찾아갔다. ㉢거기서 김구가 이끄는 한인애국단에 가입하고 1932년 4월 중국 홍커우 공원에서 열리는 일본의 천장절 겸 전승축하기념식에서 폭탄을 투척하기로 결정하였다. 앞서 일본에서는 한인애국단 소속의 이봉창이 일왕 생일을 축하하는 자리에서 일왕을 폭사시키려 했으나 실패한 사건이 벌어졌다. 이에 일본은 전승축하기념식장이 열리는 기간 동안 더욱 철저한 감시를 벌였다. ㉣1932년 4월 29일 오전 윤봉길은 무사히 일본군의 감시를 통과하고 식장으로 잠입하였고 식이 무르익을 무렵 단상을 향해 들고 있던 폭탄을 던졌다. 이 사건으로 일본의 상해 파견군 사령관 시라카와 대장과 상해 일본거류민단장 가와바다 등이 즉사하고, 제3함대사령관 노무라 중장과 제9사단장 우에다 중장 및 주중공사 시게미쓰 등이 중상을 입었다. 거사직후 윤봉길은 현장에서 붙잡혀 일본 군법회의에서 사형을 선고받고 결국 1932년 12월 19일 일본에서 총살형으로 순국하였다. 한편 의거가 일어난 후 중국에서는 '중국군 100만 대군이 하지 못한 일을 한국의 한 청년이 해냈다.'라고 감탄하며 임시정부에 대해 많은 지원을 하였다. 이 의거는 이후 우리나라 독립운동은 물론 중국의 항일 투쟁에도 큰 영향을 주었다.

4. 위 글의 내용으로 옳지 않은 것은?

① 당시 우리나라에서는 일본이 주도한 학교 교육 외에 따로 우리나라 사람이 한학이나 중국 고전 등을 가르치기도 했다.

② 일제강점기 우리나라의 농촌은 그나마 일제의 압력이 미치지 못한 곳으로 뜻있는 사람들은 농촌을 중심으로 독립운동을 준비하였다.

③ 대한민국 임시정부는 한인애국단과 같은 단체를 통해 독립운동을 주도하였다.

④ 윤봉길의 의거는 우리나라와 중국의 독립운동에 많은 영향을 끼쳤다.

5. 다음 중 밑줄 친 ⓐ와 같은 의미의 문구는 무엇인가?

① 丈夫出家生不還

② 男兒一言重千金

③ 一日不讀書口中生荊棘

④ 丈夫雖死心如鐵義士臨危氣似雲

6. 위 글의 밑줄 친 ㉠~㉣ 중 내용 상 흐름과 관련 없는 문장은?

① ㉠　　　　　　　　　② ㉡

③ ㉢　　　　　　　　　④ ㉣

7. 다음 문맥상 ( ) 안에 들어갈 내용으로 가장 적절한 것은?

> 과학을 잘 모르는 사람들이 갖는 두 가지 편견이 있다. 그 하나의 극단은 과학은 인간성을 상실하게 할 뿐만 아니라 온갖 공해와 전쟁에서 대량 살상을 하는 등 인간의 행복을 빼앗아가는 아주 나쁜 것이라고 보는 입장이다. 다른 한 극단은 과학은 무조건 좋은 것, 무조건 정확한 것으로 보는 것이다. 과학의 발달과 과학의 올바른 이용을 위해서 이 두 가지 편견은 반드시 해소되어야 한다. 물론, 과학에는 이 두 가지 얼굴이 있다. 그러나 이 두 가지 측면이 과학의 진짜 모습은 아니다. 아니, 과학이 어떤 얼굴을 하고 있는 것도 아니다. ( )

① 과학의 본 모습은 아무도 모른다.
② 과학의 얼굴은 우리 스스로가 만들어 가는 것이다.
③ 그러므로 과학을 배척해야 한다.
④ 과학의 정확한 정의를 확립해야 한다.

8. 다음 글에서 논리 전개상 불필요한 문장은?

> 민담은 등장인물의 성격 발전에 대해서는 거의 중점을 두지 않는다. ㉠민담에서 과거 사건에 대한 정보는 대화나 추리를 통해서 드러난다. ㉡동물이든 인간이든 등장인물은 대체로 그들의 외적 행위를 통해서 그 성격이 뚜렷하게 드러난다. ㉢민담에서는 등장인물의 내적인 동기에 대해서는 전혀 관심을 기울이지 않는다. ㉣늑대는 크고 게걸스럽고 교활한 반면 아기 염소들은 작고 순진하며 잘 속는다. 말하자면 이들의 속성은 이미 정해져 있어서 민담의 등장인물은 현명함과 어리석음, 강함과 약함, 부와 가난 등 극단적으로 대조적인 양상을 보여 준다.

① ㉠
② ㉡
③ ㉢
④ ㉣

9. 다음에서 일정한 규칙을 찾아 빈칸에 들어갈 알맞은 숫자를 바르게 고른 것은?

| 1 | $\frac{2}{4}$ | $\frac{3}{10}$ | ( ) | $\frac{5}{31}$ | $\frac{6}{46}$ |

① $\frac{4}{19}$
② $\frac{4}{20}$
③ $\frac{4}{21}$
④ $\frac{4}{22}$

10. 어떤 일을 하는데 수빈이는 16일, 혜림이는 12일이 걸린다. 처음에는 수빈이 혼자서 3일 동안 일하고, 그 다음은 수빈이와 혜림이가 같이 일을 하다가 마지막 하루는 혜림이만 일하여 일을 끝냈다. 수빈이와 혜림이가 같이 일 한 기간은 며칠인가?

① 3일
② 4일
③ 5일
④ 6일

11. 원가가 9,000원인 제품에 15%의 이익이 있도록 정가를 정했는데 직원의 실수로 정가보다 1,000원 더 적은 가격의 스티커를 붙여 제품 50개가 판매되고 나서야 스티커가 잘못 붙었음을 알았다. 정가대로 판매했을 때보다 얼마의 손해를 입었는가?

① 50,000원
② 57,500원
③ 60,000원
④ 67,500원

12. 어느 인기 그룹의 공연을 준비하고 있는 기획사는 다음과 같은 조건으로 총 1,500장의 티켓을 판매하려고 한다. 티켓 1,500장을 모두 판매한 금액이 6,000만 원이 되도록 하기 위해 판매해야 할 S석 티켓의 수를 구하면?

┌───┐
│ ⑺ 티켓의 종류는 R석, S석, A석 세 가지이다.   │
│ ⑻ R석, S석, A석 티켓의 가격은 각각 10만 원, 5만 원, │
│   2만 원이고, A석 티켓의 수는 R석과 S석 티켓의 수의 │
│   합과 같다.   │
└───┘

① 450장
② 600장
③ 750장
④ 900장

13. 표는 갑국의 학력별, 성별 평균 임금을 비교한 것이다. 이에 대한 옳은 분석을 〈보기〉에서 고른 것은? (단, 고졸 평균 임금은 2023년보다 2025년이 많다.)

구분	2023년	2025년
중졸 / 고졸	0.78	0.72
대졸 / 고졸	1.20	1.14
여성 / 남성	0.70	0.60

┌───┐
│   〈보기〉   │
│ ㉠ 2025년 중졸 평균 임금은 2023년에 비해 감소하였다. │
│ ㉡ 2025년 여성 평균 임금은 2023년에 비해 10% 감소하였다. │
│ ㉢ 2025년 남성의 평균 임금은 여성 평균 임금의 2배보다 │
│   적다.   │
│ ㉣ 중졸과 대졸 간 평균 임금의 차이는 2023년보다 2025년 │
│   이 크다.   │
└───┘

① ㉠㉡   ② ㉠㉢
③ ㉡㉢   ④ ㉢㉣

14. 어느 옷가게에 서로 다른 티셔츠 4개와 서로 다른 바지 5개가 있다. 이 중에서 티셔츠와 바지를 각각 2개씩 사는 방법은 몇 가지인가?

① 56가지
② 60가지
③ 66가지
④ 72가지

15. 현재 누나의 통장에는 12,500원, 동생의 통장에는 20,000원이 들어있다. 앞으로 매달 누나는 2,500원씩, 동생은 1,500원씩 저금을 한다면 몇 개월 후부터 누나의 저금액이 동생의 저금액보다 많아지는가?

① 6개월
② 7개월
③ 8개월
④ 9개월

16. 다음 설명 중 가장 옳은 것은? (단, 불량률은 소수 둘째자리에서 반올림한다)

(단위 : 권)

구분	A출판사		B출판사		C출판사	
	양품	불량품	양품	불량품	양품	불량품
국어교재	270	30	200	10	54	3
수학교재	225	15	216	12	715	55
영어교재	300	25	600	40	850	50

※ 불량률 $= \dfrac{\text{불량품}}{\text{양품}+\text{불량품}} \times 100$

① 모든 교재에서 불량률이 A출판사가 가장 높다.
② 국어교재의 불량률은 A출판사가 타 출판사들의 2배 이상이다.
③ 국어교재의 불량률은 B출판사가 가장 낮다.
④ 영어교재의 불량률은 B출판사가 가장 낮다.

17. A, B, C, D, E는 형제들이다. 다음의 〈보기〉를 보고 첫째부터 막내까지 올바르게 추론한 것은?

〈보기〉
㉠ A는 B보다 나이가 적다.
㉡ D는 C보다 나이가 적다.
㉢ E는 B보다 나이가 많다.
㉣ A는 C보다 나이가 많다.

① E > B > D > A > C
② E > B > A > C > D
③ E > B > C > D > A
④ D > C > A > B > E

18. M사의 총무부 직원 6명(갑, 을, 병, 정, 무, 기)과 인사부 직원 4명(A, B, C, D)은 부서당 1명씩 2인 1조를 이루어 다음 달부터 매일 당직 근무를 서야 한다. 다음 달 1일 갑과 A가 함께 근무를 서고 2일 을과 B, 3일 병과 C, 4일 정과 D, 5일 무와 A, 6일 기와 B, 7일 갑과 C, 8일 을과 D … 순서로 돌아가며 조를 이루어 당직 근무를 설 경우, 함께 근무를 설 수 없는 직원의 조합은 어느 것인가?

① 을 – D
② 무 – C
③ 병 – A
④ 정 – C

19. 다음은 카지노를 경영하는 사업자에 대한 관광진흥개발기금 납부에 관한 규정이다. 카지노를 경영하는 甲은 연간 총매출액이 90억 원이며 기한 내 납부금으로 4억 원만을 납부했다. 다음 규정에 따를 경우 甲의 체납된 납부금에 대한 가산금은 얼마인가?

카지노를 경영하는 사업자는 아래의 징수비율에 해당하는 납부금을 '관광진흥개발기금'에 내야 한다. 만일 납부기한까지 납부금을 내지 않으면, 체납된 납부금에 대해서 100분의 3에 해당하는 가산금이 1회에 한하여 부과된다(다만, 가산금에 대한 연체료는 없다).

〈납부금 징수비율〉
• 연간 총매출액이 10억 원 이하인 경우 : 총매출액의 100분의 1
• 연간 총매출액이 10억 원을 초과하고 100억 원 이하인 경우 : 1천만 원+(총매출액 중 10억 원을 초과하는 금액의 100분의 5)
• 연간 총매출액이 100억 원을 초과하는 경우 : 4억 6천만 원+(총매출액 중 100억 원을 초과하는 금액의 100분의 10)

① 30만 원
② 90만 원
③ 160만 원
④ 180만 원

20. L사에서 주력 상품으로 밀고 있는 TV의 판매 이익이 감소하고 있는 상황에서 귀하는 B부장으로부터 3C분석을 통해 해결방안을 강구해 오라는 지시를 받았다. 다음 보기 중 사업환경을 구성하고 있는 3C의 요소는 무엇인가?

① 환경, 고객, 경쟁사
② 자사, 상품, 경쟁사
③ 자사, 고객, 서비스
④ 자사, 고객, 경쟁사

21. 다음 내용을 근거로 판단할 때 참말을 한 사람은 누구인가?

A 동아리 학생 5명은 각각 B 동아리 학생들과 30회씩 가위바위보 게임을 하였다. 각 게임에서 이길 경우 5점, 비길 경우 1점, 질 경우 -1점을 받는다. 게임이 모두 끝나자 A 동아리 학생 5명은 자신들이 얻은 합산 점수를 다음과 같이 말하였다.

- 갑 : 내 점수는 148점이다.
- 을 : 내 점수는 145점이다.
- 병 : 내 점수는 143점이다.
- 정 : 내 점수는 140점이다.
- 무 : 내 점수는 139점이다.

이들 중 한 명만 참말을 하고 있다.

① 갑
② 을
③ 병
④ 정

22. 다음의 (가), (나)는 100만 원을 예금했을 때 기간에 따른 이자에 대한 표이다. 이에 대한 설명으로 옳은 것은? (단, 예금할 때 약정한 이자율은 변하지 않는다)

구분	1년	2년	3년
(가)	50,000원	100,000원	150,000원
(나)	40,000원	81,600원	124,864원

ㄱ (가)는 단순히 원금에 대한 이자만을 계산하는 이자율이 적용되었다.
ㄴ (가)의 경우, 매년 물가가 5% 상승할 경우 (원금+이자)의 구매력을 모든 기간에 같다.
ㄷ (나)의 경우, 매년 증가하는 이자액은 기간이 길어질수록 커진다.
ㄹ (나)와 달리 (가)와 같은 이자율 계산 방법은 현실에서는 볼 수 없다.

① ㄱ, ㄷ
② ㄱ, ㄹ
③ ㄴ, ㄹ
④ ㄴ, ㄷ

23. 다음 중 주화가 선택한 과목은?

- 은지, 주화, 민경이 각자 보충수업으로 서로 다른 과목을 선택하였다.
- 과목은 국어, 영어, 수학이다.
- 은지는 국어를 선택하지 않았다.
- 주화가 민경이는 수학을 선택하였다고 한다.

① 국어
② 영어
③ 수학
④ 알 수 없음

24. 다음 글의 내용이 참일 때, 반드시 참인 것만을 〈보기〉에서 모두 고르면?

> A 부서에서는 새로운 프로젝트를 위해 팀을 꾸리고자 한다. 이 부서에는 남자 직원 세현, 승훈, 영수, 준원 4명과 여자 직원 보라, 소희, 진아 3명이 소속되어 있다. 아래의 조건에 따라 이들 가운데 4명을 뽑아 프로젝트 팀에 포함시키려 한다.
> – 남자 직원 가운데 적어도 한 사람은 뽑아야 한다.
> – 여자 직원 가운데 적어도 한 사람은 뽑지 말아야 한다.
> – 세현, 승훈 중 적어도 한 사람을 뽑으면, 준원과 진아도 뽑아야 한다.
> – 영수를 뽑으면, 보라와 소희는 뽑지 말아야 한다.
> – 진아를 뽑으면, 보라도 뽑아야 한다.

> 〈보기〉
> ㉠ 남녀 동수로 팀이 구성된다.
> ㉡ 영수와 소희 둘 다 팀에 포함되지 않는다.
> ㉢ 준원과 보라 둘 다 팀에 포함된다.

① ㉠
② ㉢
③ ㉠, ㉡, ㉢
④ ㉡, ㉢

25. 경영전략 추진과정을 순서대로 바르게 나열한 것은?

① 환경분석 → 경영전략 도출 → 전략목표 설정 → 경영전략 실행 → 평가 및 피드백
② 환경분석 → 전략목표 설정 → 경영전략 도출 → 경영전략 실행 → 평가 및 피드백
③ 전략목표 설정 → 환경분석 → 경영전략 도출 → 경영전략 실행 → 평가 및 피드백
④ 전략목표 설정 → 경영전략 도출 → 환경분석 → 경영전략 실행 → 평가 및 피드백

26. 21세기의 많은 기업 조직들은 불투명한 경영환경을 이겨내기 위해 많은 방법들을 활용하곤 한다. 이 중 브레인스토밍은 일정한 테마에 관하여 회의형식을 채택하고, 구성원의 자유발언을 통한 아이디어의 제시를 요구해 발상의 전환을 이루고 해법을 찾아내려는 방법인데 아래의 글을 참고하여 브레인스토밍에 관련한 것으로 보기 가장 어려운 것을 고르면?

> 전라남도는 지역 중소·벤처기업, 소상공인들이 튼튼한 지역 경제의 버팀목으로 성장하도록 지원하는 정책 아이디어를 발굴하기 위해 27일 전문가 브레인스토밍 회의를 개최했다. 이날 회의는 정부의 경제성장 패러다임이 대기업 중심에서 중소·벤처기업 중심으로 전환됨에 따라 지역 차원에서 기업 지원 관련 기관, 교수, 상공인연합회, 중소기업 대표 등 관련 전문가들을 초청해 이뤄졌다. 회의에서는 중소·벤처기업, 소상공인 육성·지원과 청년창업 활성화를 위한 70여 건의 다양한 제안이 쏟아졌으며, 제안된 내용에 대해 구체적 실행 방안도 토론했다. 회의에 참석한 전문가들은 "중소·벤처기업이 변화를 주도하고, 혁신적 아이디어로 창업해 튼튼한 기업으로 성장하도록 정부와 지자체가 충분한 환경을 구축해주는 시스템의 변화가 필요하다."라고 입을 모았다.

① 쉽게 실행할 수 있고, 다양한 주제를 가지고 실행할 수 있다.
② 이러한 기법의 경우 아이디어의 양보다 질에 초점을 맞춘 것으로 볼 수 있다.
③ 집단의 작은 의사결정부터 큰 의사결정까지 복잡하지 않은 절차를 통해 팀의 구성원들과 아이디어를 공유가 가능하다.
④ 비판 및 비난을 자제하는 것을 원칙으로 한다.

┃27~28┃ 다음 설명을 읽고 물음에 답하시오.

SWOT이란, 강점(Strength), 약점(Weakness), 기회(Opportunity), 위협(Threat)의 머리글자를 모아 만든 단어로 경영 전략을 수립하기 위한 도구이다. SWOT분석을 통해 도출된 조직의 외부/내부 환경 분석 결과를 통해 각각에 대응하는 전략을 도출하게 된다.

SO 전략이란 기회를 활용하면서 강점을 더욱 강화하는 공격적인 전략이고, WO 전략이란 외부환경의 기회를 활용하면서 자신의 약점을 보완하는 전략으로 이를 통해 기업이 처한 국면의 전환을 가능하게 할 수 있다. ST 전략은 외부환경의 위험요소를 회피하면서 강점을 활용하는 전략이며, WT 전략이란 외부환경의 위협요인을 회피하고 자사의 약점을 보완하는 전략으로 방어적 성격을 갖는다.

외부＼내부	강점(Strength)	약점(Weakness)
기회(Opportunity)	SO 전략 (강점-기획 전략)	WO 전략 (약점-기회 전략)
위협(Threat)	ST 전략 (강점-위협 전략)	WT 전략 (약점-위협 전략)

27. 다음은 어느 패스트푸드 프랜차이즈 기업의 SWOT분석이다. 주어진 전략 중 가장 적절한 것은?

강점 (Strength)	• 성공적인 마케팅과 브랜드의 인지도 • 유명 음료 회사 A와의 제휴 • 종업원에 대한 전문적인 훈련
약점 (Weakness)	• 제품 개발력 • 다수의 프랜차이즈 영업점 관리의 미비
기회 (Opportunity)	• 아직 진출하지 않은 많은 해외 시장의 존재 • 증가하는 외식 시장
위협 (Threat)	• 건강에 민감한 소비자의 증가 • 다양한 경쟁자들의 위협

외부＼내부	강점(Strength)	약점(Weakness)
기회 (Opportunity)	① 주기적인 영업점 방문 및 점검으로 청결한 상태 유지	② 개발부서의 전문인 경력직원을 확충하여 차별화된 제품 개발
위협 (Threat)	③ 더욱 공격적인 마케팅으로 경쟁자들의 위협을 방어	④ A와의 제휴를 강조하여 소비자의 관심을 돌림

28. 다음은 SWOT분석에 대한 설명과 프랑스 유제품 회사 국내영업부의 SWOT분석이다. 주어진 전략 중 가장 적절한 것은?

강점 (Strength)	• 세계 제일의 기술력 보유 • 압도적으로 큰 기업 규모 • 프랑스 기업의 세련된 이미지
약점 (Weakness)	• 국내에서의 낮은 인지도 • 국내 기업에 비해 높은 가격
기회 (Opportunity)	• 국내 대형 유제품 회사의 유해물질 사태로 인한 반사효과 • 신흥 경쟁사의 유입 가능성이 낮음
위협 (Threat)	• 대체할 수 있는 국내 경쟁 기업이 많음 • 경기침체로 인한 시장의 감소

외부＼내부	강점(Strength)	약점(Weakness)
기회(Opportunity)	(가)	(나)
위협(Threat)	(다)	(라)

① (가) : 다양한 마케팅전략을 통한 국내 인지도 상승을 통해 국내 경쟁력을 확보
② (나) : 프랑스 기업의 세련된 이미지를 부각시킨 마케팅으로 반사효과 극대화
③ (다) : 세련된 이미지와 기술력 홍보로 유해한 성분이 없음을 강조
④ (라) : 유통 마진을 줄여 가격을 낮추고 국내 경쟁력을 확보

29. 조직변화에 대한 설명이다. 옳지 않은 것은?

① 조직의 변화는 환경의 변화를 인지하는 데에서 시작된다.
② 기존의 조직구조나 경영방식 하에서 환경변화에 따라 제품이나 기술을 변화시키는 것이다.
③ 조직의 목적과 일치시키기 위해 문화를 변화시키기도 한다.
④ 조직변화는 제품과 서비스, 전략, 구조, 기술 문화 등에서 이루어질 수 있다.

30. 국제동향 파악 방법으로 옳지 않은 것은?

① 관련 분야 해외 사이트를 방문하여 최신 이슈를 확인한다.
② 해외 서점 사이트를 방문해 최신 서적 목록과 주요 내용을 파악한다.
③ 업무와 관련된 국제잡지를 정기 구독한다.
④ 일주일에 한 번씩 신문의 국제면을 읽는다.

31. 김 대리는 여성의류 인터넷쇼핑몰 서비스팀에 근무 중으로 최근 불만 및 반품 접수가 증가하고 있어 이와 관련하여 회의를 진행하였다. 아래의 회의록을 보고 알 수 있는 내용은?

> 회의록
>
> ☐ 회의일시 : 20XX년 2월 13일
> ☐ 회의장소 : 웰니스빌딩 3층 303호 소회의장
> ☐ 부   서 : 물류팀, 개발팀, 서비스팀
> ☐ 참 석 자 : 물류팀 팀장, 과장, 개발팀 팀장, 과장, 서비스팀 팀장, 과장
> ☐ 회의 안건
> 제품 의류에 염료 얼룩으로 인한 고객 불만반품에 따른 원인조사 및 대책방안
> ☐ 회의 내용
> 주문폭주로 인한 물량증가로 염료가 덜 마른 부직포 포장지를 사용하여 제품인 의류에 염색 얼룩이 묻은 것으로 추측
> ☐ 의결 사항
>
> [물류팀]
> 컬러 부직포로 제품포장 하였던 기존방식에서 내부비닐포장 및 염료를 사용하지 않는 부직포로 2중 포장, 외부 종이 상자 포장으로 교체
>
> [서비스팀]
> − 주문물량이 급격히 증가했던 일주일 동안 포장된 제품 전격 회수
> − 제품을 구매한 고객에 사과문 발송 및 100% 환불 보상 공지
>
> [개발팀]
> 포장 재질 및 부직포 염료 유해성분 조사

① 마케팅팀은 해당 브랜드의 전 제품을 회수 및 100% 환불 보상할 것을 공지한다.
② 주문량이 증가한 날짜는 20XX년 02월 13일부터 일주일간이다.
③ 주문량이 많아 염료가 덜 마른 부직포 포장지를 사용한 것이 문제 발생의 원인으로 추측된다.
④ 개발팀에서 제품을 전격 회수해 포장재 및 인쇄된 잉크의 유해성분을 조사하기로 했다.

32. 다음 사례에서와 같은 조직 문화의 긍정적인 기능이라고 보기 어려운 것은 어느 것인가?

영업3팀은 팀원 모두가 야구광이다. 신 부장은 아들이 고교 야구선수라서 프로 선수를 꿈꾸는 아들을 위해 야구광이 되었다. 남 차장은 큰 딸이 프로야구 D팀의 한 선수를 너무 좋아하여 주말에 딸과 야구장을 가려면 자신부터 야구팬이 되지 않을 수 없다. 이 대리는 고등학교 때까지 야구 선수 생활을 했었고, 요즘 젊은 친구 답지 않게 승현 씨는 야구를 게임보다 좋아한다. 영업3팀 직원들의 취향이 이렇다 보니 팀 여기저기엔 야구 관련 장식품들이 쉽게 눈에 띄고, 점심시간과 티타임에 나누는 대화는 온통 야구 이야기이다. 다른 부서에서는 우스갯소리로 야구를 좋아하지 않으면 아예 영업3팀 근처에 얼씬거릴 생각도 말라고 할 정도다.

부서 회식이나 단합대회를 야구장에서 하는 것은 물론이고 주말에도 식사 내기, 입장권 내기 등으로 직원들은 거의 매일 야구에 묻혀 산다. 영업3팀은 현재 인사처 자료에 의하면 사내에서 부서 이동률이 가장 낮은 조직이다.

① 구성원들에게 일체감과 정체성을 부여한다.
② 조직이 변해야 할 시기에 일치단결된 모습을 보여준다.
③ 조직의 몰입도를 높여준다.
④ 조직의 안정성을 가져온다.

33. 다음의 사례는 FABE 화법을 활용한 대화내용이다. 이를 읽고 밑줄 친 부분에 대한 내용으로 가장 옳은 것을 고르면?

〈개인 보험가입에 있어서의 재무 설계 시 이점〉
상담원 : 저희 보험사의 재무 설계는 고객님의 자산 흐름을 상당히 효과적으로 만들어 줍니다.
상담원 : 그로 인해 고객님께서는 언제든지 원하는 때에 원하는 일을 이룰 수 있습니다.
상담원 : 그 중에서도 가장 소득이 적고 많은 비용이 들어가는 은퇴시기에 고객님은 편안하게 여행을 즐기시고 또한 언제든지 친구들을 만나서 부담 없이 만나 행복한 시간을 보낼 수 있습니다.
상담원 : 저희 보험사에서 재무 설계는 우선 예산을 조정해 드리고 있으며, 선택과 집중을 통해 고객님의 생애에 있어 가장 중요한 부분들을 먼저 준비할 수 있도록 도와드리기 때문입니다.

① 제시하는 상품의 특징을 언급하는 부분이라 할 수 있다.
② 이득이 발생할 수 있음을 예시하는 것이라 할 수 있다.
③ 해당 이익이 고객에게 반영될 시에 발생 가능한 상황을 공감시키는 과정이라고 할 수 있다.
④ 이익이 발생하는 근거를 설명하는 부분이다.

34. 다음 글에서 나타난 갈등을 해결한 방법은?

갑과 을은 일 처리 방법으로 자주 얼굴을 붉힌다. 갑은 처음부터 끝까지 계획을 따라 일을 진행하려고 하고, 을은 일이 생기면 즉흥적으로 해결하는 성격이다. 같은 회사 동료인 병은 이 둘에게 서로의 성향 차이를 인정할 줄 알아야 한다고 중재를 했고, 이 둘은 어쩔 수 없이 포기하는 것이 아닌 서로간의 차이가 있다는 점을 비로소 인정하게 되었다.

① 사람들과 눈을 자주 마주친다.
② 다른 사람들의 입장을 이해한다.
③ 사람들이 당황하는 모습을 자세하게 살핀다.
④ 자신의 의견을 명확하게 밝히고 지속적으로 강화한다.

35. 다음의 내용은 놀이시설 서비스 기업에서 서비스 향상을 통한 고객만족이라는 결과를 도출해내기 위해 5개 서비스 팀의 팀장들이 모여 모니터링을 하며 분석하고 있다. 이 중 해당 사례에서 다루고 있는 고객에 대한 내용을 정확하게 분석하고 있는 팀장은 누구인가?

〈사례〉

놀이시설을 이용함에 있어 아이들의 신장제한에 대해 단체로 부모와 동반해서 방문하는 아이들이 다른 친구들은 다 놀이시설 이용을 하는데, 내 자녀의 경우에만 키가 작은 관계로 놀이시설을 활용하지 못하게 될 시에 이런 아이들의 신장제한 및 이용권 등에 대한 환불을 요청하게 되는 경우가 많다. 특히 자신의 자녀가 신장이 미달되어 즐겁게 놀이시설을 이용하지 못하게 되는 경우에 해당 부모와 자녀는 깊은 상실감에 빠지며 자녀의 경우에는 스스로의 작은 신장에 대해 억울해하며 다른 자녀들이 즐겁게 즐기는 놀이시설을 내 자녀만 이용하지 못한다는 생각에 그에 대한 화풀이로서 사소한 이유를 갖다 붙이면서 컴플레인을 제기한다. 그런 경우 일선의 직원들은 해당 부모의 마음을 이해하고 이에 대한 공감을 나타내며 상실감에 빠진 부모 및 아이들의 기분을 풀어주고 조언을 한다. 이러한 경우의 고객은 고객 자신의 말을 끝까지 경청하게 되면 어느 정도의 화를 누르게 되며 이성적으로 돌아와서 오히려 해당 컴플레인은 빨리 종료할 수 있게 된다. 하지만 주의할 점은 고객의 말을 가로막거나 회사의 규정을 운운하게 되면 오히려 고객의 화를 부추기며 동시에 회사의 이미지도 실추할 우려가 생기게 되는 것이다.

① 유리 : 스스로가 주어진 상황에 대한 의사결정을 하지 못하고 누군가가 해결해 주기만을 바라며 주변만 빙빙 돌면서 요점을 명확하게 말하지 않는 고객이지.

② 연철 : 이런 고객들은 대체로 상대에 대해 무조건적으로 비꼬거나 빈정거림으로 인해 허영심이 강하고 꼬투리만을 잡아 작은 문제에 집착하는 고객이지.

③ 선아 : 상당히 사교적인 고객이며, 타인이 자신을 좋아해 주기를 바라는 욕구가 마음 깊이 내재화된 고객이라 할 수 있어.

④ 지혜 : 이런 고객의 경우에 자신의 방법만이 최선이라 생각하고 타인의 피드백은 받아들이려 하지 않으며 오히려 자신의 주장만을 관철시키기 위해 거만하며 도발적인 상황을 만드는 고객이지.

36. 다음 중 팀워크의 촉진 방법으로 옳지 않은 것은?

① 개개인의 능력을 우선시 하기

② 갈등 해결하기

③ 참여적으로 의사결정하기

④ 창의력 조성을 위해 협력하기

37. 다음 중 대인관계 향상 방법으로 옳지 않은 것은?

① 상대방에 대한 경계심

② 언행일치

③ 사소한 일에 대한 관심

④ 약속의 이행

38. 다음을 읽고 甲이 팀워크를 촉진하기 위해 활용한 방법으로 적절한 것을 고르면?

S기업 전략기획팀의 팀장으로 근무하는 甲은 팀원들이 각자의 강점과 약점을 알아야 할 필요가 있다고 생각했다. 팀 회의를 소집한 甲은 어느 한 영역에서 강점을 가진 팀원과 그 영역에서 취약한 다른 팀원을 짝짓는 방식으로 모든 팀원을 2인 1조로 짝을 지어 업무를 처리하도록 하였다. 그리고 일정 기간이 지난 후 이따금씩 짝을 바꿈으로써 팀원들 간에 교차 훈련을 주고받을 수 있도록 하였다. 이러한 결정은 팀원 모두에게 이익을 주었으며, 모든 팀원은 결정을 실행하는 데 적극적으로 동참하였다.

① 갈등을 해결하는 것

② 동료 피드백을 장려하는 것

③ 참여적으로 의사결정을 하는 것

④ 창의력 조성을 위해 협력하는 것

39. 갈등은 다음과 같이 몇 가지 과정을 거치면서 진행되는 것이 일반적인 흐름이라고 볼 때, 빈칸의 ⑦, ㉯, ㉰에 들어가야 할 말을 순서대로 올바르게 나열한 것은?

1. 의견 불일치
인간은 다른 사람들과 함께 부딪치면서 살아가게 되는데, 서로 생각이나 신념, 가치관이 다르고 성격도 다르기 때문에 다른 사람들과 의견의 불일치를 가져온다. 많은 의견 불일치는 상대방의 생각과 동기를 설명하는 기회를 주고 대화를 나누다보면 오해가 사라지고 더 좋은 관계로 발전할 수 있지만, 사소한 오해로 인한 작은 갈등이라도 그냥 내버려두면 심각한 갈등으로 발전하게 된다.

2. 대결 국면
의견 불일치가 해소되지 않으면 대결 국면으로 빠져들게 된다. 이 국면에서는 이제 단순한 해결방안은 없고 제기된 문제들에 대하여 새로운 다른 해결점을 찾아야 한다. 일단 대결국면에 이르게 되면 감정이 개입되어 상대방의 주장에 대한 문제점을 찾기 시작하고, 자신의 입장에 대해서는 그럴듯한 변명으로 옹호하면서 양보를 완강히 거부하는 상태에까지 이르게 된다. 즉, (가)은(는) 부정하면서 자기주장만 하려고 한다. 서로의 입장을 고수하려는 강도가 높아지면서 서로 간의 긴장은 더욱 높아지고 감정적인 대응이 더욱 격화되어 간다.

3. 격화 국면
격화 국면에 이르게 되면 상대방에 대하여 더욱 적대적인 현상으로 발전해 나간다. 이제 의견일치는 물 건너가고 (나)을(를) 통해 문제를 해결하려고 하기 보다는 강압적, 위협적인 방법을 쓰려고 하며, 극단적인 경우에는 언어폭력이나 신체적인 폭행으로까지 번지기도 한다. 상대방에 대한 불신과 좌절, 부정적인 인식이 확산되면서 다른 요인들에까지 불을 붙이는 상황에 빠지기도 한다. 이 단계에서는 상대방의 생각이나 의견, 제안을 부정하고, 상대방은 그에 대한 반격으로 대응함으로써 자신들의 반격을 정당하게 생각한다.

4. 진정 국면
시간이 지나면서 정점으로 치닫던 갈등은 점차 감소하는 진정 국면에 들어선다. 계속되는 논쟁과 긴장이 귀중한 시간과 에너지만 낭비하고 이러한 상태가 무한정 유지될 수 없다는 것을 느끼고 점차 흥분과 불안이 가라앉고 이성과 이해의 원 상태로 돌아가려 한다. 그러면서 (다)이(가) 시작된다. 이 과정을 통해 쟁점이 되는 주제를 논의하고 새로운 제안을 하고 대안을 모색하게 된다. 이 단계에서는 중개자, 조정자 등의 제3자가 개입함으로써 갈등 당사자 간에 신뢰를 쌓고 문제를 해결하는데 도움이 되기도 한다.

5. 갈등의 해소
진정 국면에 들어서면 갈등 당사자들은 문제를 해결하지 않고는 자신들의 목표를 달성하기 어렵다는 것을 알게 된다. 물론 경우에 따라서는 결과에 다 만족할 수 없는 경우도 있지만 어떻게 해서든지 서로 일치하려고 한다.

① 상대방의 자존심 – 업무 – 침묵
② 제3자의 존재 – 리더 – 반성
③ 조직 전체의 분위기 – 이성 – 의견의 일치
④ 상대방의 입장 – 설득 – 협상

40. 다음 대화를 보고 이 과장의 말이 협상의 5단계 중 어느 단계에 해당하는지 고르면?

김 실장 : 이 과장, 출장 다녀오느라 고생했네.
이 과장 : 아닙니다. KTX 덕분에 금방 다녀왔습니다.
김 실장 : 그래, 다행이군. 오늘 협상은 잘 진행되었나?
이 과장 : 그게 말입니다. 실장님. 오늘 협상을 진행하다가 새로운 사실을 알게 되었습니다. 민원인측이 지금껏 주장했던 고가차도 건립계획 철회는 표면적 요구사항이었던 것 같습니다. 오늘 장시간 상대방 측 대표들과 이야기를 나누면서 고가차고 건립자체보다 그로 인한 초등학교 예정부지의 이전, 공사 및 도로 소음 발생, 그리고 녹지 감소가 실질적 불만이라는 걸 알게 되었습니다. 고가차도 건립을 계획대로 추진하면서 초등학교의 건립 예정지를 현행 유지하고, 3중 방음시설 설치, 아파트 주변 녹지 조성 계획을 제시하면 충분히 협상을 진척시킬 수 있을 것 같습니다.

① 협상시작단계
② 상호이해단계
③ 실질이해단계
④ 해결대안단계

NCS 직업기초능력평가 답안지

성 명	

번호					번호					번호				
1	①	②	③	④	21	①	②	③	④					
2	①	②	③	④	22	①	②	③	④					
3	①	②	③	④	23	①	②	③	④					
4	①	②	③	④	24	①	②	③	④					
5	①	②	③	④	25	①	②	③	④					
6	①	②	③	④	26	①	②	③	④					
7	①	②	③	④	27	①	②	③	④					
8	①	②	③	④	28	①	②	③	④					
9	①	②	③	④	29	①	②	③	④					
10	①	②	③	④	30	①	②	③	④					
11	①	②	③	④	31	①	②	③	④					
12	①	②	③	④	32	①	②	③	④					
13	①	②	③	④	33	①	②	③	④					
14	①	②	③	④	34	①	②	③	④					
15	①	②	③	④	35	①	②	③	④					
16	①	②	③	④	36	①	②	③	④					
17	①	②	③	④	37	①	②	③	④					
18	①	②	③	④	38	①	②	③	④					
19	①	②	③	④	39	①	②	③	④					
20	①	②	③	④	40	①	②	③	④					

수 험 번 호

⓪	⓪	⓪	⓪	⓪	⓪	⓪	⓪	⓪
①	①	①	①	①	①	①	①	①
②	②	②	②	②	②	②	②	②
③	③	③	③	③	③	③	③	③
④	④	④	④	④	④	④	④	④
⑤	⑤	⑤	⑤	⑤	⑤	⑤	⑤	⑤
⑥	⑥	⑥	⑥	⑥	⑥	⑥	⑥	⑥
⑦	⑦	⑦	⑦	⑦	⑦	⑦	⑦	⑦
⑧	⑧	⑧	⑧	⑧	⑧	⑧	⑧	⑧
⑨	⑨	⑨	⑨	⑨	⑨	⑨	⑨	⑨

MC새마을금고
일반직 6급 필기전형

제2회 모의고사

성명		생년월일	
문제 수(배점)	40문항	풀이시간	/ 40분
영역	의사소통능력, 수리능력, 문제해결능력, 조직이해능력, 대인관계능력		
비고	객관식 4지선다형		

＊ 유의사항 ＊

- 문제지 및 답안지의 해당란에 문제유형, 성명, 응시번호를 정확히 기재하세요.
- 모든 기재 및 표기사항은 "컴퓨터용 흑색 수성 사인펜"만 사용합니다.
- 예비 마킹은 중복 답안으로 판독될 수 있습니다.

1. 다음 (   ) 안에 들어갈 알맞은 단어를 고르면?

> 못난 사람을 보고 '잘났어'라고 하는 것을 (   )법이라 한다.

① 역설
② 비유
③ 반어
④ 풍유

2. 다음 글을 순서에 맞게 배열한 것은?

> 제약 산업은 1960년대 냉전 시대부터 지금까지 이윤율 1위를 계속 고수해 온 고수익 산업이다.
> ㈎ 또 미국은 미-싱가폴 양자 간 무역 협정을 통해 특허 기간을 20년에서 50년으로 늘렸고, 이를 다른 나라와의 무역 협정에도 적용하려 하고 있다.
> ㈏ 다국적 제약사를 갖고 있는 미국 등 선진국들이 지적 재산권을 적극적으로 주장하는 핵심적인 이유도 이런 독점을 이용한 이윤 창출에 있다.
> ㈐ 이 이윤율의 크기는 의약품 특허에 따라 결정되는데 독점적인 특허권을 바탕으로 '마음대로' 정해진 가격이 유지되고 있다.
> ㈑ 이를 위해 다국적 제약 회사와 해당 국가들은 지적 재산권을 제도화하고 의약품 특허를 더욱 강화하고 있다.
> ㈒ 제약 산업은 냉전 시대에는 군수 산업보다 높은 이윤을 창출하였고, 신자유주의 시대인 지금은 은행보다 더 높은 평균이윤율을 자랑하고 있다.

① ㈏ - ㈑ - ㈎ - ㈒ - ㈐
② ㈐ - ㈎ - ㈑ - ㈏ - ㈒
③ ㈐ - ㈑ - ㈏ - ㈎ - ㈒
④ ㈒ - ㈐ - ㈏ - ㈑ - ㈎

3. 다음 밑줄 친 부분과 같은 의미로 사용된 것은?

> 우리 헌법 제1조 제2항은 "대한민국의 주권은 국민에게 있고, 모든 권력은 국민으로부터 나온다."라고 규정하고 있다. 이 규정은 국가의 모든 권력의 행사가 주권자인 국민의 뜻에 따라 이루어져야 한다는 의미로 해석할 수 있다. 따라서 국회의원은 지역구 주민의 뜻에 따라 입법해야 한다고 생각하는 사람이 있다면, 그는 이 조항에서 근거를 <u>찾으면</u> 될 것이다.

① 은행에서 저금했던 돈을 <u>찾았다.</u>
② 우리나라를 <u>찾은</u> 관광객에게 친절하게 대합시다.
③ 누나가 문제해결의 실마리를 <u>찾았습니다.</u>
④ 잃어버린 명예를 다시 <u>찾기란</u> 쉽지 않다.

4. 다음 내용에서 주장하는 바로 가장 적절한 것은?

> 언어와 사고의 관계를 연구한 사피어(Sapir)에 의하면 우리는 객관적인 세계에 살고 있는 것이 아니다. 우리는 언어를 매개로 하여 살고 있으며, 언어가 노출시키고 분절시켜 놓은 세계를 보고 듣고 경험한다. 워프(Whorf) 역시 사피어와 같은 관점에서 언어가 우리의 행동과 사고의 양식을 주조(鑄造)한다고 주장한다. 예를 들어 어떤 언어에 색깔을 나타내는 용어가 다섯 가지밖에 없다면, 그 언어를 사용하는 사람들은 수많은 색깔을 결국 다섯 가지 색 중의 하나로 인식하게 된다는 것이다.

① 언어와 사고는 서로 관련이 없다.
② 언어가 우리의 사고를 결정한다.
③ 인간의 사고는 보편적이며 언어도 그러한 속성을 띤다.
④ 사용언어의 속성이 인간의 사고에 영향을 줄 수는 없다.

5. 다음에 제시된 글을 가장 잘 요약한 것은?

> 근대 이전의 대도시들은 한 국가 내에서 중요한 역할을 수행하며 성장해 왔다. 이후 국가와 국가, 도시와 도시를 이어주는 항공교통 및 인터넷과 같은 새로운 교통·통신 수단이 발달되었고, 전 세계적으로 공간적 분업체계가 형성되어 국가 간의 상호 작용이 촉진되었다. 그 결과 세계 도시에는 국제적 자본이 더욱 집중되었다.
>
> 이러한 일련의 과정 속에서 세계 도시 간의 계층 구조가 형성되었다. 가장 상위에 있는 세계 도시는 주로 전 세계적인 영향력을 갖추고 있는 선진국에 위치하게 되어 초국적 기업의 중추적 기능과 국제적인 사업 서비스의 역할을 수행해 왔다. 차상위 세계 도시들은 개발도상국의 세계 도시들로 대륙 규모의 허브 기능을 수행하고 있다. 이러한 세계 도시 체계는 국가 단위에서 상위의 도시들이 하위의 도시를 포섭하고 있다. 따라서 계층적 세계 도시 체계에서 세계 경제 성장의 기반이 되는 세계 도시는 더욱 성장하지만, 갈수록 주변부의 성격이 짙어지고 경제성장에서 배제되는 지역도 늘어나고 있다.

① 근대 이전의 대도시들은 국가 내에서 중요한 역할을 수행했다.
② 공간적 분업체계의 형성으로 국가 간의 상호 작용이 촉진되었다.
③ 새로운 교통·통신 수단의 발달로 인해 세계 도시에는 국제적 자본이 집중되었다.
④ 공간적 분업체계에 따른 세계 도시 간의 교류 증가로 세계 도시 간의 계층 구조가 형성되었으며 지역 불균형이 초래되었다.

6. 다음 글의 ㈎ ~ ㈒ 가운데 생략해도 글의 전개에 무리가 없는 것은?

> ㈎ 한 집단이나 사회의 성원이 자기의 문화만을 가장 우수한 것으로 믿고 자기 문화의 관점에서 다른 문화를 폄하하는 태도를 자문화 중심주의라 한다.
>
> ㈏ 중국인들은 오랫동안 자기들만이 문화 민족이고 그 주변의 다른 민족들은 모두 오랑캐나 야만인이라고 생각하여 멸시하였다. 독일의 히틀러는 게르만 민족의 우월성을 과시하기 위해 수많은 유대인을 학살하는 만행을 저지르기도 하였다. 이 모든 것이 자문화 중심주의의 부정적 결과들이다.
>
> ㈐ 얼마 전 프랑스에서는 프랑스어야말로 가장 아름다운 언어라고 주장하면서 공공 문서와 대중 매체 그리고 상가의 간판에 이르기까지 프랑스어만을 사용하도록 입법을 추진했다가 부결된 일도 있다.
>
> ㈑ 자문화 중심주의는 집단 구성원의 충성심을 불러일으킴으로써 집단의 결속력을 강화하고 사기를 양양하여 집단 통합에 기여한다. 그러나 국수주의에 빠져 국가 간의 상호 이해와 협조의 장애물로 작용함으로써 국제적인 고립을 자초하게 할 수도 있다.

① ㈎   ② ㈏

③ ㈐   ④ ㈑

7. 다음 글 뒤에 이어질 내용을 유추한 것으로 가장 알맞은 것은?

"한국 · 일본 · 중국의 세 나라 사람을 돼지우리에 가두면 어떻게 될까?"라는 우스갯소리가 있다. 들어가자마자 맨 먼저 울 밖으로 나오는 것은 두말할 것 없이 일본 사람이다. 성급할 뿐 아니라, 깨끗한 것을 좋아하는 민족이기 때문이다. 다음에 더 이상 못 견디겠다고 비명을 지르고 나오는 것은 그래도 뚝심과 오기가 있는 한국인이다. 그런데 아무리 기다려도 나오지 않는 것이 중국인이다. 끝내 견디지 못하고 나오는 것은 중국인이 아니라 오히려 돼지 쪽이라는 것이다. 중국 사람들이 그만큼 둔하고 더럽다는 욕이지만, 해석하기에 따라서는 끝까지 역경 속에서도 살아남을 수 있는 끈덕지고 통이 큰 대륙 사람이라는 칭찬이 될 수도 있다.

① 한국 사람들은 어느 나라 사람들보다도 뚝심과 오기가 강하다.
② 인생의 역경을 헤쳐 나가기 위해서는 인내심과 지혜가 필요하다.
③ 중국 사람들은 어떤 역경 속에서도 생존할 수 있는 끈질긴 생명력을 지녔다.
④ 같은 말이라도 그것을 받아들이는 사람에 따라서 각기 다르게 이해할 수 있다.

8. 다음은 들은 내용을 구조적으로 정리하는 방법이다. 순서에 맞게 배열하면?

㉠ 관련 있는 내용끼리 묶는다.
㉡ 묶은 내용에 적절한 이름을 붙인다.
㉢ 전체 내용을 이해하기 쉽게 구조화한다.
㉣ 중복된 내용이나 덜 중요한 내용을 삭제한다.

① ㉠, ㉡, ㉢, ㉣
② ㉠, ㉡, ㉣, ㉢
③ ㉡, ㉠, ㉢, ㉣
④ ㉡, ㉠, ㉣, ㉢

9. 다음에 나열된 숫자의 규칙을 찾아 빈칸에 들어갈 숫자를 바르게 고른 것은?

1	5	20	16	19	57	54	56	(	)	110

① 111
② 112
③ 100
④ 95

10. 남자 7명, 여자 5명으로 구성된 프로젝트 팀의 원활한 운영을 위해 운영진 두 명을 선출하려고 한다. 남자가 한 명도 선출되지 않을 확률은?

① $\dfrac{1}{11}$

② $\dfrac{4}{33}$

③ $\dfrac{5}{33}$

④ $\dfrac{2}{11}$

11. 어떤 학원의 지난해 학생 수는 230명이었다. 올해에는 지난해에 비해 남학생은 15% 증가하고, 여학생은 6% 감소하여 전체 학생 수는 3명이 증가하였다. 올해 여학생 수는?

① 122명
② 126명
③ 133명
④ 141명

12. 인터넷 통신 한 달 요금이 다음과 같은 A, B 두 회사가 있다. 한샘이는 B 회사를 선택하려고 한다. 월 사용시간이 최소 몇 시간 이상일 때, B 회사를 선택하는 것이 유리한가?

A 회사		B 회사	
기본요금	추가요금	기본요금	추가요금
4,300원	시간당 900원	20,000원	없음

① 15시간 ② 16시간
③ 17시간 ④ 18시간

13. A전자마트에서 TV는 원가의 10%를 더하여 정가를 정하고, 에어컨은 원가의 5%를 더하여 정가를 정하는데 직원의 실수로 TV와 에어컨의 이익률을 반대로 계산했다. TV 15대, 에어컨 10대를 판매한 후에야 이 실수를 알았을 때, 제대로 계산했을 때와 잘못 계산했을 때의 손익계산으로 옳은 것은? (단, TV가 에어컨보다 원가가 높고, TV와 에어컨 원가의 차는 20만 원, 잘못 계산된 정가의 합은 150만 원이다.)

① 60만 원 이익 ② 60만 원 손해
③ 30만 원 이익 ④ 30만 원 손해

14. 갑동이는 올해 10살이다. 엄마의 나이는 갑동이와 누나의 나이를 합한 값의 두 배이고, 3년 후의 엄마의 나이는 누나의 나이의 세 배일 때, 올해 누나의 나이는 얼마인가?

① 12세 ② 13세
③ 14세 ④ 15세

15. 다음은 어느 통계사항을 나타낸 표이다. ㈎에 들어갈 수로 알맞은 것은?(단, 모든 계산은 소수점 첫째 자리에서 반올림한다)

구분	접수인원	응시인원	합격자수	합격률
1회	1,808	1,404	(㈎)	43.1
2회	2,013	1,422	483	34.0
3회	1,148	852	540	63.4

① 601 ② 605
③ 613 ④ 617

4

16. 다음 〈표〉는 20XX년 5월 공항별 운항 및 수송현황에 관한 자료이다. 〈표〉와 〈보기〉를 근거로 하여 A ~ E에 해당하는 공항을 바르게 나열한 것은?

〈표〉 공항별 운항 및 수송현황

공항 \ 구분	운항편수(편)	여객수(천 명)	화물량(톤)
인천	20,818	3,076	249,076
A	11,924	1,836	21,512
B	6,406	(가)	10,279
C	11,204	1,820	21,137
D	(나)	108	1,582
광주	944	129	1,290
E	771	121	1,413
전체	52,822	7,924	306,289

※ 전체 공항은 광주, 김포, 김해, 대구, 인천, 제주, 청주공항으로 구성된다.

〈보기〉

㉠ 김포공항과 제주공항 여객수의 합은 인천공항 여객수보다 많다.

㉡ 화물량이 많은 공항부터 순서대로 나열하면 제주공항이 세 번째이다.

㉢ 김해공항 여객수는 광주공항 여객수의 6배 이상이다.

㉣ 운항편수가 적은 공항부터 순서대로 나열하면 대구공항이 두 번째이다.

㉤ 광주공항과 청주공항 운항편수의 합은 전체 운항편수의 5% 미만이다.

	A	B	C	D	E
①	김포	김해	제주	대구	청주
②	김포	김해	제주	청주	대구
③	김포	청주	제주	대구	김해
④	제주	청주	김포	김해	대구

17. 다음의 사전 정보를 활용하여 제품 A, B, C 중 하나를 사려고 한다. 다음 중 생각할 수 없는 상황은?

• 성능이 좋을수록 가격이 비싸다.
• 성능이 떨어지는 두 종류의 제품 가격의 합은 성능이 가장 좋은 다른 하나의 제품 가격보다 낮다.
• B는 성능이 떨어지는 제품이다.

① A제품이 가장 저렴하다.
② A제품과 B제품의 가격이 같다.
③ A제품과 C제품은 성능이 같다.
④ A제품보다 성능이 좋은 제품도 있다.

18. A, B, C, D, E 다섯 명의 기사가 점심 식사 후 철로 보수작업을 하러 가야 한다. 다음의 조건을 모두 만족할 경우, 항상 거짓인 것은?

• B는 C보다 먼저 작업을 하러 나갔다.
• A와 B 두 사람이 동시에 가장 먼저 작업을 하러 나갔다.
• E보다 늦게 작업을 하러 나간 사람이 있다.
• D와 동시에 작업을 하러 나간 사람은 없었다.

① E는 D보다 먼저 작업을 하러 나가게 되었다.
② C와 D 중, C가 먼저 작업을 하러 나가게 되었다.
③ B가 D보다 늦게 작업을 하러 나가게 되는 경우는 없다.
④ E가 C보다 먼저 작업을 하러 나가게 되는 경우는 없다.

19. 다음 중 문제 해결을 위한 기본적인 사고방식으로 가장 적절하지 않은 것은?

① 어려운 해결책을 찾으려 하지 말고 우리가 알고 있는 단순한 정보라도 이용해서 실마리를 풀어가야 한다.

② 문제 전체에 매달리기보다 문제를 각각의 요소로 나누어 그 요소의 의미를 도출하고 우선순위를 부여하는 방법이 바람직하다.

③ 고정관념을 버리고 새로운 시각에서 문제를 바라볼 수 있어야 한다.

④ 나에게 필요한 자원을 확보할 계획을 짜서 그것들을 효과적으로 활용할 수 있어야 한다.

20. 하반기 경력사원으로 채용된 A ~ F 여섯 명 중 세 명은 신사업본부에, 나머지 세 명은 전략사업본부에 배정되었다. 이때 본부별로 배정된 세 명의 경력사원은 각기 과장, 차장, 대리급 1명씩으로 구성되었다. 배정 결과에 대해 이들 여섯 명은 다음과 같은 진술을 하였는데, 신사업본부에 배정된 세 명은 참말만 하고, 전략사업본부에 배정된 세 명은 거짓말만 하였다면 A ~ F 중 전략사업본부에 배정된 차장급 경력사원은 누구인가?

- A : D는 전략사업본부에 배정되었다.
- B : C는 신사업본부에 배정되었다.
- C : 나는 A와 같은 직급이다.
- D : F와 B의 직급이 같다.
- E : B는 차장이다.
- F : C가 차장이다.

① A

② B

③ C

④ E

21. 갑, 을, 병, 정, 무 다섯 명이 자유형, 배영, 접영, 평영을 한 번씩 사용하여 400m를 수영하려 한다. 레인은 1번부터 5번 레인을 사용하며 100m마다 다른 수영 방식을 사용한다. 단, 각 레인마다 1명씩 배정이 되며, 이웃한 레인에 있는 사람들은 같은 구간에서 동일한 수영 방식을 사용할 수 없다. 다음 중 4번 레인을 사용하는 사람의 구간별 수영 방식을 순서대로 바르게 나열한 것은?

- 2번과 4번 레인을 사용하는 사람들은 첫 번째 구간에서 같은 수영 방시을 사용하되, 자유형은 사용할 수 없다.
- 을, 정은 네 번째 구간에서만 같은 수영 방식을 사용한다.
- 갑은 3번 레인을 사용하고 두 번째 구간에서 자유형을 한다.
- 을은 네 번째 구간에서 배영을 하고, 세 번째 구간에서는 갑과 같은 수영방식을 사용한다.
- 무는 5번 레인을 사용하고, 첫 번째 구간에서는 평영, 네 번째 구간에서는 자유형을 한다.

① 접영 – 평영 – 배영 – 자유형

② 배영 – 접영 – 평영 – 자유형

③ 배영 – 평영 – 자유형 – 접영

④ 접영 – 평영 – 자유형 – 배영

22. △△부서에서 다음 년도 예산을 편성하기 위해 전년도 시행되었던 정책들을 평가하여 다음과 같은 결과를 얻었다. △△부서의 예산 편성에 대한 설명으로 옳지 않은 것은?

<표>

〈정책 평가 결과〉			
정책	계획의 충실성	계획 대비 실적	성과지표 달성도
A	96	95	76
B	93	83	81
C	94	96	82
D	98	82	75
E	95	92	79
F	95	90	85

- 정책 평가 영역과 각 영역별 기준 점수는 다음과 같다
  - 계획의 충실성 : 기준 점수 90점
  - 계획 대비 실적 : 기준 점수 85점
  - 성과지표 달성도 : 기준 점수 80점
- 평가 점수가 해당 영역의 기준 점수 이상인 경우 '통과'로 판단하고 기준 점수 미만인 경우 '미통과'로 판단한다.
- 모든 영역이 통과로 판단된 정책에는 전년과 동일한 금액을 편성하며, 2개 영역이 통과로 판단된 정책에는 10% 감액, 1개 영역이 통과로 판단된 정책에는 15% 감액하여 편성한다. 다만 '계획 대비 실적' 영역이 미통과인 경우 위 기준과 상관없이 15% 감액하여 편성한다.
- 전년도 甲부서의 A~F 정책 예산은 각각 20억 원으로 총 120억 원이었다.

① 전년도와 비교하여 예산의 삭감 없이 예산이 편성될 정책은 2개 이상이다.

② '성과지표 달성도' 평가에서 '통과'를 받았음에도 예산을 감액해야하는 정책이 있다.

③ 전년 대비 10% 감액하게 될 정책은 총 3개이다.

④ 전년 대비 15% 감액하여 편성될 정책은 모두 '계획 대비 실적'에서 '미통과' 되었을 것이다.

23. 다음은 이경제씨가 금융 상품에 대해 상담을 받는 내용이다. 이에 대한 옳은 설명을 모두 고른 것은?

이경제씨 : 저기 1,000만 원을 예금하려고 합니다. 정기예금 상품을 좀 추천해 주시겠습니까?

은행직원 : 원금에만 연 5%의 금리가 적용되는 A 상품과 원금뿐만 아니라 이자에 대해서도 연 4.5%의 금리가 적용되는 B 상품이 있습니다. 예금 계약 기간은 고객님께서 연 단위로 정하실 수 있습니다.

㉠ 이경제씨는 요구불 예금에 가입하고자 한다.
㉡ 이경제씨는 간접 금융 시장에 참여하고자 한다.
㉢ A 상품은 복리, B 상품은 단리가 적용된다.
㉣ 예금 계약 기간에 따라 이경제씨의 정기 예금 상품에 대한 합리적 선택은 달라질 수 있다.

① ㉠, ㉡   ② ㉠, ㉢
③ ㉡, ㉢   ④ ㉡, ㉣

24. 지하철 10호선은 총 6개의 주요 정거장을 경유한다. 주어진 조건이 다음과 같을 경우, C가 4번째 정거장일 때, E 바로 전의 정거장이 될 수 있는 것은?

- 지하철 10호선은 순환한다.
- 주요 정거장을 각각 A, B, C, D, E, F라고 한다.
- E는 3번째 정거장이다.
- B는 6번째 정거장이다.
- D는 F의 바로 전 정거장이다.
- C는 A의 바로 전 정거장이다.

① F

② E

③ D

④ B

25. 다음의 업무를 담당하고 있는 부서는?

- 경영계획 및 전략 수립
- 중장기 사업계획의 종합 및 조정
- 경영진단업무
- 종합예산수립 및 실적관리
- 실적관리 및 분석

① 총무부

② 인사부

③ 기획부

④ 회계부

26. 다음은 조직구조에 대한 그림이다. (가)와 (나)에 들어갈 조직구조는?

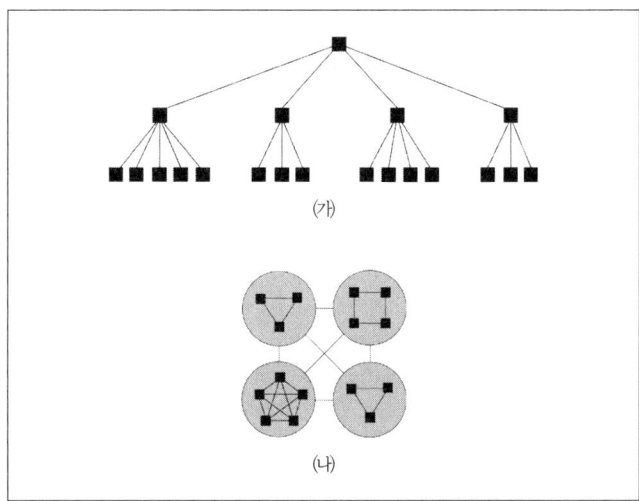

(가)

(나)

① 수평구조, 유기적 구조

② 수직구조, 기계적 구조

③ 유기적 구조, 기계적 구조

④ 기계적 구조, 유기적 구조

27. 다음 중 밑줄 친 (가)와 (나)에 대한 설명으로 적절하지 않은 것은?

> 조직 내에서는 (가)개인이 단독으로 의사결정을 내리는 경우도 있지만 집단이 의사결정을 하기도 한다. 조직에서 여러 문제가 발생하면 직업인은 의사결정과정에 참여하게 된다. 이때 조직의 의사결정은 (나)집단적으로 이루어지는 경우가 많으며, 여러 가지 제약요건이 존재하기 때문에 조직의 의사결정에 적합한 과정을 거쳐야 한다. 조직의 의사결정은 개인의 의사결정에 비해 복잡하고 불확실하다. 따라서 대부분 기존의 결정을 조금씩 수정해 나가는 방향으로 이루어진다.

① (가)는 의사결정을 신속히 내릴 수 있다.
② (가)는 결정된 사항에 대하여 조직 구성원이 수월하게 수용하지 않을 수도 있다.
③ (나)는 (가)보다 효과적인 결정을 내릴 확률이 높다.
④ (나)는 의사소통 기회가 저해될 수 있다.

28. 다음 중 조직목표의 기능이 아닌 것은?
① 조직이 존재하는 정당성과 합법성 제공
② 조직이 나아갈 방향 제시
③ 조직구성원 의사결정의 기준
④ 조직구성원 행동 억제

29. 조직구조의 유형과 그 특징에 대한 설명으로 옳은 것은?

> ㉠ 조직구조는 의사결정 권한의 집중 정도, 명령 계통, 최고 경영자의 통제, 규칙과 규제의 정도 등에 따라 기계적 조직과 유기적 조직으로 구분할 수 있다.
> ㉡ 기계적 조직은 구성원들의 업무가 분명하게 정의되고 많은 규칙과 규제들이 있으며, 상하간 의사소통이 공식적인 경로를 통해 이루어진다.
> ㉢ 유기적 조직은 의사결정권한이 조직의 하부구성원들에게 많이 위임되어 있으며, 업무 또한 고정되지 않고 공유 가능한 조직이다.
> ㉣ 유기적 조직은 비공식적인 상호의사소통이 원활히 이루어지며, 규제나 통제의 정도가 높아 엄격한 위계질서가 존재한다.

① ㉠㉡
② ㉢㉣
③ ㉠㉡㉢
④ ㉡㉢㉣

30. 조직변화 과정의 순서로 옳은 것은?
① 조직변화 방향 수립 → 환경변화 인지 → 조직변화 실행 → 변화결과 평가
② 환경변화 인지 → 조직변화 실행 → 조직변화 방향 수립 → 변화결과 평가
③ 조직변화 실행 → 조직변화 방향 수립 → 환경변화 인지 → 변화결과 평가
④ 환경변화 인지 → 조직변화 방향 수립 → 조직변화 실행 → 변화결과 평가

31. 다음은 A기업의 조직도이다. 다음 중 총무부의 역할로 가장 적절한 것은?

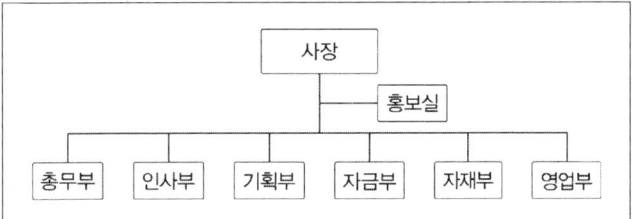

① 경영계획 및 전략 수집 · 조정 업무
② 의전 및 비서업무
③ 보험금융업무
④ 인력 확보를 위한 산학협동업무

32. 어느 날 진수는 직장선배로부터 '직장 내에서 서열과 직위를 고려한 소개의 순서'를 정리하라는 요청을 받았다. 진수는 다음의 내용처럼 정리하고 직장선배에게 보여 주었다. 하지만 직장선배는 세 가지 항목이 틀렸다고 지적하였다. 지적을 받은 세 가지 항목은 무엇인가?

> ㉠ 연소자를 연장자보다 먼저 소개한다.
> ㉡ 같은 회사 관계자를 타 회사 관계자에게 먼저 소개한다.
> ㉢ 상급자를 하급자에게 먼저 소개한다.
> ㉣ 동료임원을 고객, 방문객에게 먼저 소개한다.
> ㉤ 임원을 비임원에게 먼저 소개한다.
> ㉥ 되도록 성과 이름을 동시에 말한다.
> ㉦ 상대방이 항상 사용하는 경우라면 Dr, 등의 칭호를 함께 언급한다.
> ㉧ 과거 정부 고관일지라도, 전직인 경우 호칭사용은 결례이다.

① ㉠, ㉡, ㉥
② ㉢, ㉤, ㉧
③ ㉣, ㉤, ㉥
④ ㉣, ㉤, ㉧

33. G사 홍보팀 직원들은 팀워크를 향상시킬 수 있는 방법에 대한 토의를 진행하며 다음과 같은 의견들을 제시하였다. 다음 중 팀워크의 기본요소를 제대로 파악하고 있지 못한 사람은 누구인가?

> A: "팀워크를 향상시키기 위해서는 무엇보다 팀원 간의 상호 신뢰와 존중이 중요하다고 봅니다."
> B: "또 하나 빼놓을 수 없는 것은 스스로에 대한 넘치는 자아의식이 수반되어야 팀워크에 기여할 수 있어요."
> C: "팀워크는 각자의 역할에서 책임을 다하는 자세가 기본이 되어야 함을 우리 모두 명심해야 합니다."
> D: "저는 팀원들끼리 솔직한 대화를 통해 서로를 이해하는 일이 무엇보다 중요하다고 생각해요."

① A
② B
③ C
④ D

34. 다음에서 나타난 신 교수의 동기부여 방법으로 가장 적절한 것은?

> 신 교수는 매 학기마다 새로운 수업을 들어가면 첫 번째로 내주는 과제가 있다. 한국사에 대한 본인의 생각을 A4용지 한 장에 적어오라는 것이다. 이 과제는 정답이 없고 옳고 그름이 기준이 아니라는 것을 명시해준다. 그리고 다음시간에 학생 각자가 적어온 글들을 읽어보도록 하는데, 개개인에게 꼼꼼히 인상 깊었던 점을 알려주고 구체적인 부분을 언급하며 칭찬한다.

① 변화를 두려워하지 않는다.
② 지속적으로 교육한다.
③ 책임감으로 철저히 무장한다.
④ 긍정적 강화법을 활용한다.

35. 다음 중 고객만족을 측정하는데 있어 많은 사람들이 범하는 오류의 유형으로 옳지 않은 것은?

① 적절한 측정 프로세스 없이 조사를 시작한다.

② 고객이 원하는 것을 알고 있다고 생각한다.

③ 모든 고객들이 동일한 수준의 서비스를 원하고 필요로 한다고 가정한다.

④ 전문가로부터 도움을 얻는다.

36. 조직구성원들로 하여금 리더에 대한 신뢰를 갖게 하는 카리스마는 물론 조직변화의 필요성을 감지하고 그러한 변화를 이끌어 낼 수 있는 새로운 비전을 제시할 수 있는 능력이 요구되는 리더십을 무엇이라 하는가?

① 변혁적 리더십

② 거래적 리더십

③ 카리스마 리더십

④ 서번트 리더십

37. 다음은 전문가 효과에 대한 내용이다. 이와 관련된 설득 전략으로 옳은 것은?

수용자가 커뮤니케이터에 대해 특정 분야에 대한 전문성을 갖고 있는 전문가라는 인식을 갖게 되면 전문가 효과가 발생한다. 전문가 효과는 수용자들이 전문가가 제시하는 정보를 내면화해 자신의 생각을 변화시키는 효과다. 수용자들이 원래 자신이 갖고 있던 생각인지, 아니면 타인의 생각을 전달받은 것인지를 구분하지 못하고 타인의 생각마저도 자신의 생각처럼 표현한다면 타인이 전달한 생각을 수용자가 내면화했다고 볼 수 있다.

① 연결전략 　　　　　② 권위전략

③ 상대방 이해 전략 　　④ 사회적 입증 전략

38. 대인관계능력을 구성하는 하위능력 중 현재 동신과 명섭의 팀에게 가장 필요한 능력은 무엇인가?

올해 E그룹에 입사하여 같은 팀에서 근무하게 된 동신과 명섭은 다른 팀에 있는 입사동기들과 외딴 섬으로 신입사원 워크숍을 가게 되었다. 그 곳에서 각 팀별로 1박 2일 동안 스스로 의·식·주를 해결하며 주어진 과제를 수행하는 임무가 주어졌는데 동신은 부지런히 섬 이 곳 저 곳을 다니며 먹을 것을 구해오고 숙박할 장소를 마련하는 등 솔선수범 하였지만 명섭은 단지 섬을 돌아다니며 경치 구경만 하고 사진 찍기에 여념이 없었다. 그리고 과제수행에 있어서도 동신은 적극적으로 임한 반면 명섭은 소극적인 자세를 취해 그 결과 동신과 명섭의 팀만 과제를 수행하지 못했고 결국 인사상의 불이익을 당하게 되었다.

① 리더십능력

② 팀워크능력

③ 협상능력

④ 고객서비스능력

39. 다음 중 임파워먼트에 해당하는 가장 적절한 사례는 무엇인가?

① 영업부 팀장 L씨는 사원 U씨에게 지난 상반기의 판매 수치를 정리해 오라고 요청하였다. 또한 데이터베이스를 업데이트하고, 회계부서에서 받은 수치를 반영하여 새로운 보고서를 제출하라고 지시하였다.

② 편집부 팀장 K씨는 사원 S씨에게 지난 3달간의 도서 판매 실적을 정리해 달라고 요청하였다. 또한 신간등록이 되어 있는지 확인 후 업데이트하고, 하반기에 내놓을 새로운 도서의 신간 기획안을 제출하라고 지시하였다.

③ 마케팅팀 팀장 I씨는 사원 Y씨에게 상반기 판매 수치를 정리하고 이 수치를 분석하여 하반기 판매 향상에 도움이 될 만한 마케팅 계획을 직접 개발하도록 지시했다.

④ 홍보부 팀장 H씨는 사원 R씨에게 지난 2년간의 회사 홍보물 내용을 검토하고 업데이트 할 내용을 정리한 후 보고서로 작성하여 10부를 복사해 놓으라고 지시하였다.

40. 조직 사회에서 일어나는 갈등을 해결하는 방법 중 문제를 회피하지 않으면서 상대방과의 대화를 통해 동등한 만큼의 목표를 서로 누리는 두 가지 방법이 있다. 이 두 가지 갈등해결방법에 대한 다음의 설명 중 빈칸에 들어갈 알맞은 말은?

　첫 번째 유형은 자신에 대한 관심과 상대방에 대한 관심이 중간정도인 경우로서, 서로가 받아들일 수 있는 결정을 하기 위하여 타협적으로 주고받는 방식을 말한다. 즉, 갈등 당사자들이 반대의 끝에서 시작하여 중간 정도 지점에서 타협하여 해결점을 찾는 것이다.

　두 번째 유형은 협력형이라고도 하는데, 자신은 물론 상대방에 대한 관심이 모두 높은 경우로서 '나도 이기고 너도 이기는 방법(win-win)'을 말한다. 이 방법은 문제해결을 위하여 서로 간에 정보를 교환하면서 모두의 목표를 달성할 수 있는 '윈윈' 해법을 찾는다. 아울러 서로의 차이를 인정하고 배려하는 신뢰감과 공개적인 대화를 필요로 한다. 이 유형이 가장 바람직한 갈등해결 유형이라 할 수 있다. 이러한 '윈윈'의 방법이 첫 번째 유형과 다른 점은 (　　　　　　　　　　)는 것이며, 이것을 '윈윈 관리법'이라고 한다.

---

① 시너지 효과를 극대화할 수 있다.

② 상호 친밀감이 더욱 돈독해진다.

③ 보다 많은 이득을 얻을 수 있다.

④ 문제의 근본적인 해결책을 얻을 수 있다.

NCS 직업기초능력평가 답안지

번호					번호				
1	①	②	③	④	21	①	②	③	④
2	①	②	③	④	22	①	②	③	④
3	①	②	③	④	23	①	②	③	④
4	①	②	③	④	24	①	②	③	④
5	①	②	③	④	25	①	②	③	④
6	①	②	③	④	26	①	②	③	④
7	①	②	③	④	27	①	②	③	④
8	①	②	③	④	28	①	②	③	④
9	①	②	③	④	29	①	②	③	④
10	①	②	③	④	30	①	②	③	④
11	①	②	③	④	31	①	②	③	④
12	①	②	③	④	32	①	②	③	④
13	①	②	③	④	33	①	②	③	④
14	①	②	③	④	34	①	②	③	④
15	①	②	③	④	35	①	②	③	④
16	①	②	③	④	36	①	②	③	④
17	①	②	③	④	37	①	②	③	④
18	①	②	③	④	38	①	②	③	④
19	①	②	③	④	39	①	②	③	④
20	①	②	③	④	40	①	②	③	④

성명

수험번호								
⓪	⓪	⓪	⓪	⓪	⓪	⓪	⓪	⓪
①	①	①	①	①	①	①	①	①
②	②	②	②	②	②	②	②	②
③	③	③	③	③	③	③	③	③
④	④	④	④	④	④	④	④	④
⑤	⑤	⑤	⑤	⑤	⑤	⑤	⑤	⑤
⑥	⑥	⑥	⑥	⑥	⑥	⑥	⑥	⑥
⑦	⑦	⑦	⑦	⑦	⑦	⑦	⑦	⑦
⑧	⑧	⑧	⑧	⑧	⑧	⑧	⑧	⑧
⑨	⑨	⑨	⑨	⑨	⑨	⑨	⑨	⑨

MC새마을금고
일반직 6급 필기전형

제3회 모의고사

성명		생년월일	
문제 수(배점)	40문항	풀이시간	/ 40분
영역	의사소통능력, 수리능력, 문제해결능력, 조직이해능력, 대인관계능력		
비고	객관식 4지선다형		

＊ 유의사항 ＊

- 문제지 및 답안지의 해당란에 문제유형, 성명, 응시번호를 정확히 기재하세요.
- 모든 기재 및 표기사항은 "컴퓨터용 흑색 수성 사인펜"만 사용합니다.
- 예비 마킹은 중복 답안으로 판독될 수 있습니다.

1. 다음 ( )안에 알맞은 접속어를 ㉠과 ㉡에 차례대로 고르시오.

> 곤충에도 뇌가 있다. 뇌에서 명령을 받아 다리나 날개를 움직이고, 음식물을 찾거나 적에게서 도망친다. (㉠) 인간의 뇌에 비하면 그다지 발달되어 있다고는 말할 수 없다. (㉠) 인간은 더욱 더 복잡한 일을 생각하거나, 기억하거나, 마음을 움직이게 하기 때문이다.

① 왜냐하면, 게다가
② 하지만, 왜냐하면
③ 그렇지만, 아니면
④ 또, 그런데

2. 문맥상 의미가 ㉠과 가장 가까운 것은?

> 제조물의 결함으로 손해가 발생한 경우에 제조업자는 다음 중 어느 하나를 입증하면 손해 배상 책임을 면할 수 있다. 첫째, 제조업자가 해당 제조물을 공급하지 아니한 사실, 둘째, 제조업자가 해당 제조물을 공급한 때의 과학 · 기술 수준으로는 결함의 존재를 발견할 수 없었다는 사실, 셋째, 제조업자가 해당 제조물을 공급할 당시의 법령이 정하는 기준을 준수함으로써 제조물의 결함이 발생한 사실 등이다. 그밖에 원재료 또는 부품 제조업자의 경우에는 해당 원재료 또는 부품을 사용한 제조물 제조업자의 설계 또는 제작에 관한 지시로 인하여 결함이 발생하였다는 사실을 입증하면 책임을 지지 않아도 된다. 그러나 면책 사유에 해당하더라도 제조업자가 제조물의 결함을 ㉠<u>알면서도</u> 적절한 피해 예방 조치를 하지 않은 경우, 또는 주의를 기울였다면 충분히 알 수 있었을 결함을 발견하지 못한 경우에는 책임을 피할 수 없다.

① 이 문제는 당신이 <u>알아서</u> 처리해야 한다.
② 밖으로 나와서야 날씨가 추운 것을 <u>알았다</u>.
③ 그녀는 차는 없었지만 운전을 할 줄 <u>알았다</u>.
④ 그 사람은 공부만 <u>알지</u> 세상 물정을 통 모른다.

3. 다음은 '저출산 문제 해결 방안'에 대한 글을 쓰기 위한 개요이다. ㉠에 들어갈 내용으로 가장 적절한 것은?

> Ⅰ. 서론 : 저출산 문제의 심각성
> Ⅱ. 본론
>   1. 저출산 문제의 원인
>   ① 출산과 양육에 대한 부담 증가
>   ② 직장 일과 육아 병행의 어려움
>   2. 저출산 문제의 해결 방안
>   ① 출산과 양육에 대한 사회적 책임 강화
>   ② (㉠   )
> Ⅲ. 결론 : 해결 방안의 적극적 실천 당부

① 저출산 실태의 심각성
② 미혼율 증가와 1인가구 증가
③ 저출산으로 인한 각종 사회문제 발생
④ 가정을 배려하는 직장 문화 조성

4. 다음 글을 순서에 맞게 논리적으로 배열한 것은?

> ㉠ 그런데 문제는 정도에 지나친 생활을 하는 사람을 보면 이를 무시하거나 핀잔을 주어야 할 텐데, 오히려 없는 사람들까지도 있는 척하면서 그들을 부러워하고 모방하려고 애쓴다는 사실이다. 이러한 행동은 '모방 본능' 때문에 나타난다. 모방 본능은 필연적으로 '모방 소비'를 부추긴다.
>
> ㉡ 과시 소비란 자신이 경제적 또는 사회적으로 남보다 앞선다는 것을 여러 사람들 앞에서 보여 주려는 본능적 욕구에서 나오는 소비를 말한다.
>
> ㉢ 모방소비란 내게 꼭 필요하지도 않지만 남들이 하니까 나도 무작정 따라 하는 식의 소비이다. 이는 마치 남들이 시장에 가니까 나도 장바구니를 들고 덩달아 나서는 격이다. 이러한 모방 소비는 참여하는 사람들의 수가 대단히 많다는 점에서 과시 소비 못지않게 큰 경제 악이 된다.
>
> ㉣ 요사이 우리 주변에는 남의 시선은 전혀 의식하지 않은 채 나만 좋으면 된다는 식의 소비 행태가 날로 늘어나고 있다. 이를 가리켜 흔히 우리는 '과소비'라는 말을 많이 사용하는데, 경제학에서는 과소비와 비슷한 말로 '과시 소비'라는 용어를 사용한다.

① ㉡㉣㉠㉢
② ㉡㉣㉢㉠
③ ㉣㉡㉢㉠
④ ㉣㉡㉠㉢

5. 다음 밑줄 친 단어와 일맥상통하는 단어를 바르게 고른 것은?

> 구설수도 많았던 것이 사실이지만 우리가 이룩한 업적은 그동안의 피땀 흘린 노력과 서로 <u>비기고도</u> 남는 것이었다.

① 보상
② 보충
③ 보완
④ 상쇄

6. 다음 글의 밑줄 친 ㉠～㉣의 한자 표기에 대한 설명으로 옳은 것은?

> A지자체에서는 신종 바이러스 감염증 확산 방지를 위해 ㉠'<u>다중</u>이용시설 동선 추적 조사반을 구성한다고 밝혔다. 의사 출신인 보건의료정책과장은 이날 오후 라이브 방송에 ㉡<u>출연</u>, 바이러스 감염증 관련 대시민 브리핑을 갖고 "시는 2차, 3차 감염발생에 따라 ㉢<u>역학조사</u>를 강화해 조기에 발견하고 관련 정보를 빠르게 제공하려고 한다."라며 이같이 밝혔다. 보건의료정책과장은 "확진환자를 파악하는 데에 ㉣<u>지연</u>됨에 따라 시민 불안감이 조성된다는 말이 많다."며 "더욱이 다중이용시설의 경우 확인이 어려운 접촉자가 존재할 가능성도 있다."라고 지적했다

① ㉠ '다중'의 '중'은 '삼중구조'의 '중'과 같은 한자를 쓴다.
② ㉡ '출연'의 '연'은 '연극'의 '연'과 다른 한자를 쓴다.
③ ㉢ '역학'의 '역'에 해당하는 한자는 '歷'과 '易' 모두 아니다.
④ ㉣ '지연'은 <u>止延</u>으로 쓴다.

7. 다음 글에서 아래의 주어진 문장이 들어가기에 가장 알맞은 곳은?

(가) 요즘 우리 사회에서는 정보화 사회에 대한 논의도 활발하고 그에 대한 노력도 점차 가속화되고 있다. (나) 정보화 사회에 대한 인식이나 노력의 방향이 잘못되어 있는 경우가 많다. (다) 정보화 사회의 본질은 정보기기의 설치나 발전에 있는 것이 아니라 그것을 이용한 정보의 효율적 생산과 유통, 그리고 이를 통한 풍요로운 삶의 추구에 있다. (라) 정보기기에 급급하여 이에 종속되기보다는 그것의 효과적인 사용이나 올바른 활용에 정보화 사회에 개한 우리의 논의가 집중되어야 할 것이다.

대부분의 사람들은 정보기기를 구입하고 이를 설치해 놓는 것으로 마치 정보화 사회가 이루어지는 것처럼 여기고 있다.

① (가)   ② (나)
③ (다)   ④ (라)

8. 다음 중 (A)가 들어갈 위치로 가장 적절한 것은?

(A) 일어난 일에 대한 묘사는 본 사람이 무엇을 중요하게 판단하고, 무엇에 흥미를 가졌느냐에 따라 크게 다르다.

기억이 착오를 일으키는 프로세스는 인상적인 사물을 받아들이는 단계부터 이미 시작된다. (가) 감각적인 지각의 대부분은 무의식 중에 기록되고 오래 유지되지 않는다. (나) 대개는 수 시간 안에 사라져 버리며, 약간의 본질만이 남아 장기 기억이 된다. 무엇이 남을지는 선택에 의해서이기도 하고, 그 사람의 견해에 따라서도 달라진다. (다) 분주하고 정신이 없는 장면을 보여 주고, 나중에 그 모습에 대해서 이야기하게 해보자. (라) 어느 부분에 주목하고, 또 어떻게 그것을 해석했는지에 따라 즐겁기도 하고 무섭기도 하다. 단순히 정신 사나운 장면으로만 보이는 경우도 있다. 기억이란 원래 일어난 일을 단순하게 기록하는 것이 아니다.

① (가)   ② (나)
③ (다)   ④ (라)

9. 다음에서 일정한 규칙을 찾아 빈칸에 들어갈 알맞은 숫자를 바르게 고른 것은?

| 2 | 4 | 6 | 4 | ( ) | 12 | 6 | 12 | 18 | 8 | 16 | 24 |

① 6   ② 7
③ 8   ④ 9

10. 비가 온 다음 날 비가 올 확률은 $\frac{1}{3}$이고, 비가 오지 않은 다음 날 비가 올 확률은 $\frac{1}{4}$이다. 수요일에 비가 왔을 때, 금요일에 비가 올 확률은?

① $\frac{1}{9}$

② $\frac{1}{6}$

③ $\frac{2}{9}$

④ $\frac{5}{18}$

11. 원가가 2,200원인 상품을 3할의 이익이 남도록 정가를 책정하였다. 하지만 판매부진으로 할인하여 판매하였고, 할인가가 원가보다 484원 저렴했다. 그렇다면 정가의 얼마를 할인한 것인가?

① 2할2푼   ② 3할
③ 3할5푼   ④ 4할

12. A기업에서 매년 3월에 정기 승진 시험이 있다. 시험을 응시한 사람이 남자사원, 여자사원을 합하여 100명이고 시험의 평균이 남자사원은 72점, 여자사원은 76점이며 남녀 전체평균은 73점일 때 시험을 응시한 여자사원의 수는?

① 25명

② 30명

③ 35명

④ 40명

13. 어느 기차역에서 대전행 열차는 12분, 대구행 열차는 27분 간격으로 출발한다. 오전 9시에 두 열차가 동시에 출발하였다고 할 때, 다시 동시에 출발하는 시각은?

① 오전 9시 36분

② 오전 9시 52분

③ 오전 10시 48분

④ 오후 12시 36분

14. 의자에 5명씩 앉으면 의자에 모두 앉은 채로 1명이 남고, 의자에 6명씩 앉으면 의자 11개가 완전히 빈 채로 3명이 서 있었다. 의자의 개수는?

① 61개

② 62개

③ 63개

④ 64개

15. 다음 표는 어느 회사의 공장별 제품 생산 및 판매 실적에 대한 자료이다. 이에 대한 설명으로 옳지 않은 것은?

(단위 : 대)

공장	2024년 12월	2024년 전체	
	생산 대수	생산 대수	판매 대수
A	25	586	475
B	21	780	738
C	32	1,046	996
D	19	1,105	1,081
E	38	1,022	956
F	39	1,350	1,238
G	15	969	947
H	18	1,014	962
I	26	794	702

※ 2025년 1월 1일 기준 재고 수=2024년 전체 생산 대수−2024년 전체 판매 대수

※ 판매율(%) $= \dfrac{\text{판매 대수}}{\text{생산 대수}} \times 100$

※ 2024년 1월 1일부터 제품을 생산 · 판매하였음

① 2025년 1월 1일 기준 재고 수가 가장 적은 공장은 G공장이다.

② 2025년 1월 1일 기준 재고 수가 가장 많은 공장의 2024년 전체 판매율은 90% 이상이다.

③ 2024년 12월 생산 대수가 가장 많은 공장과 2025년 1월 1일 기준 재고 수가 가장 많은 공장은 동일하다.

④ I공장의 2024년 전체 판매율은 90% 이상이다.

16. 다음은 A은행 ○○지점 직원들의 지난 달 상품 신규 가입 실적 현황을 나타낸 자료이다. 이에 대한 설명으로 옳은 것을 모두 고른 것은?

구분 ＼ 직원	A	B	C	D	E	F
성별	남	남	여	남	여	남
실적(건)	0	2	6	4	8	10

⊙ 직원들이 평균 실적은 5건이다.
ⓒ 남자면서 실적이 5건 이상인 직원 수는 전체 남자 직원 수의 50% 이상이다.
ⓒ 실적이 2건 이상인 남자 직원의 수는 실적이 4건 이상인 여자 직원의 수의 2배 이상이다.
ⓔ 여자 직원이거나 실적이 7건 이상인 직원 수는 전체 직원 수의 50% 이상이다.

① ⊙, ⓒ   ② ⊙, ⓒ
③ ⊙, ⓔ   ④ ⓒ, ⓒ

17. 가상의 나라인 '단어국'에서는 영어 알파벳(A~Z까지 26개 문자)을 문자로 차용하여, 〈보기〉의 여섯 가지 규칙을 만족하는 알파벳 문자열만을 단어로 사용한다고 한다. 이 나라에서 사용되는 단어 중 가장 긴 단어는 몇 자로 이루어지는가? (단, 이 나라 알파벳에서 모음은 A, E, I, O, U뿐이며, 나머지 문자는 모두 자음이다.)

〈보기〉
• 모든 단어에서 사용된 문자의 개수는 홀수이다.
• 자음은 세 개 이상 연달아 나타날 수 없다.
• 한 단어에 같은 모음은 많아야 두 번 나올 수 있다.
• 모든 단어는 모음 혹은 D, N, T로 시작한다.
• 모든 단어는 모음 혹은 R, S, T로 끝난다.
• 모든 단어에 적어도 하나의 모음은 포함된다.

① 27   ② 28
③ 29   ④ 31

18. M사의 총무팀에서는 A 부장, B 차장, C 과장, D 대리, E 대리, F 사원이 각각 매 주말마다 한 명씩 사회봉사활동에 참여하기로 하였다. 이들이 다음에 따라 사회봉사활동에 참여할 경우, 두 번째 주말에 참여할 수 있는 사람으로 짝지어진 것은?

1. B 차장은 A 부장보다 먼저 봉사활동에 참여한다.
2. C 과장은 D 대리보다 먼저 봉사활동에 참여한다.
3. B 차장은 첫 번째 주 또는 세 번째 주에 봉사활동에 참여한다.
4. E 대리는 C 과장보다 먼저 봉사활동에 참여하며, E 대리와 C 과장이 참여하는 주말 사이에는 두 번의 주말이 있다.

① A 부장, B 차장
② D 대리, E 대리
③ E 대리, F 사원
④ B 차장, C 과장, D 대리

19. 홍보팀에서는 신입직원 6명(A, B, C, D, E, F)을 선배직원 3명(갑, 을, 병)이 각각 2명씩 맡아 문서작성 및 결재 요령에 대하여 1주일 간 교육을 실시하고 있다. 다음 조건을 만족할 때, 신입직원과 교육을 담당한 선배직원의 연결에 대한 설명이 올바른 것은?

• B와 F는 같은 조이다.
• 갑은 A에게 문서작성 요령을 가르쳐 주었다.
• 을은 C와 F에게 문서작성 및 결재 요령에 대하여 가르쳐 주지 않았다.

① 병은 A를 교육한다.
② D는 을에게 교육을 받지 않는다.
③ C는 갑에게 교육을 받는다.
④ 을은 C를 교육한다.

20. 다음 명제가 모두 참일 때 항상 옳은 것은?

- 예금 메뉴를 이용하는 모든 고객은 조회 메뉴를 이용한다.
- 조회 메뉴를 이용하는 어떤 고객은 이체 메뉴를 이용한다.
- 펀드 메뉴를 이용하는 모든 고객은 조회 메뉴를 이용한다.
- 펀드 메뉴와 예금 메뉴를 둘 다 이용하는 고객이 있다.

① 이체 메뉴를 이용하는 모든 고객은 예금 메뉴를 이용하지 않는다.

② 펀드 메뉴를 이용하는 어떤 고객은 이체 메뉴를 이용한다.

③ 예금 메뉴, 조회 메뉴, 펀드 메뉴를 모두 이용하는 고객이 있다.

④ 예금 메뉴를 이용하는 고객 중에는 이체 메뉴를 이용하는 고객이 있다.

21. 다음 주어진 조건을 모두 고려했을 때 옳은 것은?

〈조건〉

- A, B, C, D, E의 월급은 각각 10만 원, 20만 원, 30만 원, 40만 원, 50만 원 중 하나이다.
- A의 월급은 C의 월급보다 많고, E의 월급보다는 적다.
- D의 월급은 B의 월급보다 많고, A의 월급도 B의 월급보다 많다.
- C의 월급은 B의 월급보다 많고, D의 월급보다는 적다.
- D는 가장 많은 월급을 받지는 않는다.

① 월급이 세 번째로 많은 사람은 A이다.

② E와 C의 월급은 20만 원 차이가 난다.

③ B와 E의 월급의 합은 A와 C의 월급의 합보다 많다.

④ 월급이 제일 많은 사람은 E이다.

22. 다음 〈쓰레기 분리배출 규정〉을 준수한 것은?

〈쓰레기 분리배출 규정〉

- 배출 시간 : 수거 전날 저녁 7시~수거 당일 새벽 3시까지(월요일~토요일에만 수거함)
- 배출 장소 : 내 집 앞, 내 점포 앞
- 쓰레기별 분리배출 방법
- 일반 쓰레기 : 쓰레기 종량제 봉투에 담아 배출
- 음식물 쓰레기 : 단독주택의 경우 수분 제거 후 음식물 쓰레기 종량제 봉투에 담아서, 공동주택의 경우 음식물 전용용기에 담아서 배출
- 재활용 쓰레기 : 종류별로 분리하여 투명 비닐봉투에 담아 묶어서 배출
  ① 1종(병류)
  ② 2종(캔, 플라스틱, 페트병 등)
  ③ 3종(폐비닐류, 과자 봉지, 1회용 봉투 등)
    ※ 1종과 2종의 경우 뚜껑을 제거하고 내용물을 비운 후 배출
    ※ 종이류 / 박스 / 스티로폼은 각각 별도로 묶어서 배출
- 폐가전 · 폐가구 : 폐기물 스티커를 부착하여 배출
- 종량제 봉투 및 폐기물 스티커 구입 : 봉투판매소

① 甲은 토요일 저녁 8시에 일반 쓰레기를 쓰레기 종량제 봉투에 담아 자신의 집 앞에 배출하였다.

② 공동주택에 사는 乙은 먹다 남은 찌개를 그대로 음식물 쓰레기 종량제 봉투에 담아 주택 앞에 배출하였다.

③ 丙은 투명 비닐봉투에 캔과 스티로폼을 함께 담아 자신의 집 앞에 배출하였다.

④ 戊는 집에서 쓰던 냉장고를 버리기 위해 폐기물 스티커를 구입 후 부착하여 월요일 저녁 9시에 자신의 집 앞에 배출하였다.

23. 다음 글에서 추론할 수 있는 내용만을 바르게 나열한 것은?

빌케와 블랙은 얼음이 녹는점에 있다 해도 이를 완전히 물로 녹이려면 상당히 많은 열이 필요함을 발견하였다. 당시 널리 퍼진 속설은 얼음이 녹는점에 이르면 즉시 녹는다는 것이었다. 빌케는 쌓여있는 눈에 뜨거운 물을 끼얹어 녹이는 과정에서 이 속설에 오류가 있음을 알게 되었다. 눈이 녹는점에 있음에도 불구하고 많은 양의 뜨거운 물은 눈을 조금밖에 녹이지 못했기 때문이다.

블랙은 1757년에 이 속설의 오류를 설명할 수 있는 실험을 수행하였다. 블랙은 따뜻한 방에 두 개의 플라스크 A와 B를 두었는데, A에는 얼음이, B에는 물이 담겨 있었다. 얼음과 물은 양이 같고 모두 같은 온도, 즉 얼음의 녹는점에 있었다. 시간이 지남에 따라 B에 있는 물의 온도는 계속해서 올라갔다. 하지만 A에서는 얼음이 녹으면서 생긴 물과 녹고 있는 얼음의 온도가 녹는점에서 일정하게 유지되었는데 이 상태는 얼음이 완전히 녹을 때까지 지속되었다. 얼음을 녹이는 데 필요한 열량은 같은 양의 물의 온도를 녹는점에서 화씨 140도까지 올릴 수 있는 정도의 열량과 같았다. 블랙은 이 열이 실제로 온도계에 변화를 주지 않기 때문에 이를 '잠열(潛熱)'이라 불렀다.

ㄱ A의 온도계로는 잠열을 직접 측정할 수 없었다.
ㄴ 얼음이 녹는점에 이르러도 완전히 녹지 않는 것은 잠열 때문이다.
ㄷ A의 얼음이 완전히 물로 바뀔 때까지, A의 얼음물 온도는 일정하게 유지된다.

① ㄱ
② ㄴ
③ ㄱ, ㄷ
④ ㄱ, ㄴ, ㄷ

24. 다음 설명의 빈 칸에 공통으로 들어갈 말로 적당한 것은 어느 것인가?

(　　　　)는 직장생활 중에서 지속적으로 요구되는 능력이다. (　　　　)를 할 수 있는 능력이 없다면 아무리 많은 지식을 가지고 있더라도 자신이 만든 계획이나 주장을 주위 사람에게 이해시켜 실현시키기 어려울 것이며, 이 때 다른 사람들을 설득하여야 하는 과정에 필요로 하는 것이 (　　　　)이다. 이것은 사고의 전개에 있어서 전후의 관계가 일치하고 있는가를 살피고, 아이디어를 평가하는 능력을 의미한다. 이러한 사고는 다른 사람을 공감시켜 움직일 수 있게 하며, 짧은 시간에 헤매지 않고 사고할 수 있게 한다. 또한 행동을 하기 전에 생각을 먼저 하게 하며, 주위를 설득하는 일이 훨씬 쉬워진다.

① 전략적 사고
② 기능적 사고
③ 창의적 사고
④ 논리적 사고

25. 다음의 빈칸에 들어갈 말을 순서대로 나열한 것은?

조직의 (㉠)은/는 조직 내의 부문 사이에 형성된 관계로 조직목표를 달성하기 위한 조직구성원들의 상호작용을 보여준다. 이는 결정권의 집중정도, 명령계통, 최고경영자의 통제, 규칙과 규제의 정도에 따라 달라지며 구성원들의 업무나 권한이 분명하게 정의된 기계적 조직과 의사결정권이 하부구성원들에게 많이 위임되고 업무가 고정적이지 않은 유기적 조직으로 구분될 수 있다. (㉡)은/는 이를 쉽게 파악할 수 있고 구성원들의 임무, 수행하는 과업, 일하는 장소 등을 파악하는데 용이하다.

한편 조직이 지속되게 되면 조직구성원들 간 생활양식이나 가치를 공유하게 되는데 이를 조직의 (㉢)라고 한다. 이는 조직구성원들의 사고와 행동에 영향을 미치며 일체감과 정체성을 부여하고 조직이 (㉣)으로 유지되게 한다. 최근 이에 대한 중요성이 부각되면서 긍정적인 방향으로 조성하기 위한 경영층의 노력이 이루어지고 있다.

	㉠	㉡	㉢	㉣
①	구조	조직도	문화	안정적
②	목표	비전	규정	체계적
③	미션	핵심가치	구조	혁신적
④	직급	규정	비전	단계적

┃26~28┃ 다음은 L기업의 회의록이다. 다음을 보고 물음에 답하시오.

〈회의록〉	

일시	2025. 00. 00 10:00~12:00	장소	7층 소회의실
참석자	영업본부장, 영업1부장, 영업2부장, 기획개발부장 불참자(1명) : 영업3부장(해외출장)		
회의 제목	고객 관리 및 영업 관리 체계 개선 방안 모색		
의안	고객 관리 체계 개선 방법 및 영업 관리 대책 모색 – 고객 관리 체계 확립을 위한 개선 및 A/S 고객의 만족도 증진방안 – 자사 영업직원의 적극적인 영업활동을 위한 개선 방안		
토의 내용	㉠ 효율적인 고객관리 체계의 개선 방법 • 고객 관리를 위한 시스템 정비 및 고객관리 업무 전담 직원 증원이 필요(영업2부장) • 영업부와 기획개발부 간의 지속적인 제품 개선 방안 협의 건의(기획개발부장) • 영업 조직 체계를 제품별이 아닌 기업별 담당제로 전환(영업1부장) • 고객 정보를 부장차원에서 통합관리(영업2부장) • 각 부서의 영업직원의 고객 방문 스케줄 공유로 방문처 중복을 방지(영업1부장) ㉡ 자사 영업직원의 적극적인 영업활동을 위한 개선 방안 • 영업직원의 영업능력을 향상시키기 위한 교육프로그램 운영(영업본부장)		
협의 사항	㉠ IT본부와 고객 리스트 관리 프로그램 교체를 논의해보기로 함 ㉡ 인사과와 협의하여 추가 영업 사무를 처리하는 전담 직원을 채용할 예정임 ㉢ 인사과와 협의하여 연 2회 교육세미나를 실시함으로 영업교육과 프레젠테이션 기술 교육을 받을 수 있도록 함 ㉣ 기획개발부 및 홍보부와 협의하여 제품에 대한 자세한 이해와 매뉴얼 숙지를 위해 신제품 출시에 맞춰 영업직원을 위한 설명회를 열도록 함 ㉤ 기획개발부와 협의하여 주기적인 회의를 갖도록 함		

26. 다음 중 본 회의록으로 이해할 수 있는 내용이 아닌 것은?

① 회의 참석 대상자는 총 5명이었다.

② 영업본부의 업무 개선을 위한 회의이다.

③ 교육세미나의 강사는 인사과의 담당직원이다.

④ 영업1부와 2부의 스케줄 공유가 필요하다.

27. 다음 중 회의 후에 영업부가 협의해야 할 부서가 아닌 것은?

① IT본부

② 인사과

③ 기획개발부

④ 비서실

28. 회의록을 보고 영업부 교육세미나에 대해 알 수 있는 내용이 아닌 것은?

① 교육내용

② 교육일시

③ 교육횟수

④ 교육목적

29. 다음 중 브레인스토밍을 이용하여 의사결정을 할 때 준수해야 할 규칙으로 옳지 않은 것은?

① 다른 사람이 아이디어를 제시할 때에는 비판하지 않는다.

② 문제에 대한 제안은 자유롭게 이루어질 수 있다.

③ 아이디어는 많이 나올수록 좋다.

④ 아이디어들이 제안되는 중에 이들을 결합하는 과정이 필요하다.

30. 다음에서 설명하고 있는 조직은 무엇인가?

- 구성원들의 업무가 분명하게 규정된다.
- 엄격한 상하 간 위계질서가 있다.
- 다수의 규칙과 규정이 존재한다.

① 정부 조직

② 기계적 조직

③ 유기적 조직

④ 환경적 조직

31. 다음은 I기업의 조직도와 팀장님의 지시사항이다. H씨가 팀장님의 심부름을 수행하기 위해 연락해야 할 부서로 옳은 것은?

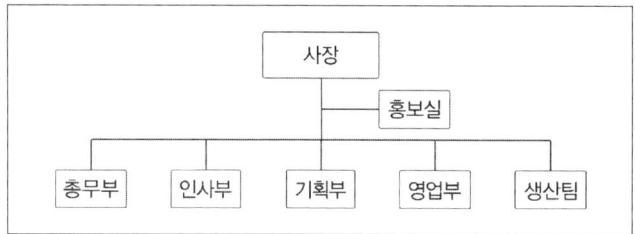

H씨! 내가 지금 너무 바빠서 그러는데 부탁 좀 들어줄래요? 다음 주 중에 사장님 모시고 클라이언트와 만나야 할 일이 있으니까 사장님 일정을 확인해주시구요. 이번 달에 신입사원 교육·훈련계획이 있었던 것 같은데 정확한 시간이랑 날짜를 확인해주세요.

① 총무부, 인사부

② 총무부, 홍보실

③ 기획부, 총무부

④ 기획부, 홍보실

32. 경영전략의 유형으로 흔히 차별화, 원가 우위, 집중화 전략을 꼽을 수 있다. 다음에 제시된 내용들 중, 차별화 전략의 특징으로 볼 수 없는 설명을 모두 고른 것은?

> ㉠ 브랜드 강화를 위한 광고비용이 증가할 수 있다.
> ㉡ 견고한 유통망은 제품 차별화와 관계가 없다.
> ㉢ 차별화로 인한 규모의 경제 활용에 제약이 있을 수 있다.
> ㉣ 신규기업 진입에 대한 효과적인 억제가 어렵다.
> ㉤ 제품에 대한 소비자의 선호체계가 확연히 구분될 경우 효과적인 차별화가 가능하다.

① ㉠, ㉡
② ㉡, ㉣
③ ㉡, ㉢
④ ㉣, ㉤

33. 다음 상황에서 미루어 볼 때 이러한 고객 유형에 대한 응대요령으로 가장 적절한 것을 고르면?

> 타인이 보았을 때 유창하게 말하려는 사람은 자신을 과시하는 형태의 고객으로써 자기 자신은 모든 것을 다 알고 있는 전문가인 양 행동할 수 있다. 또한, 자신이 지니고 있는 확신에 대한 고집을 꺾지 않으려 하지 않으며 좀처럼 설득되지 않고 권위적인 느낌을 주어 상대의 판단에 영향을 미치려고 한다. 비록 언어예절을 깍듯이 지키며 겸손한 듯이 행동하지만 내면에는 강한 우월감을 지니고 있으므로 거만한 인상을 주게 된다.

① 고객이 결정을 내리지 못하는 갈등요소가 무엇인지를 표면화시키기 위해 시기 적절히 질문을 하여 상대가 자신의 생각을 솔직히 드러낼 수 있도록 도와준다.

② 상대의 말에 지나치게 동조하지 말고 항의 내용의 골자를 요약해 확인한 후 문제를 충분히 이해하였음을 알리고 문제 해결에 대한 확실한 결론을 내어 고객에게 믿음을 주도록 한다.

③ 부드러운 분위기를 유지하며 정성스럽게 응대하되 음성에 웃음이 섞이지 않도록 유의한다.

④ 우선적으로 고객의 말을 잘 들으면서 상대의 능력에 대한 칭찬 및 감탄의 말로 응수해 상대를 인정하고 높여주면서 친밀감을 조성해야 한다.

34. 다음 설명에 해당하는 협상 과정은?

> • 협상 당사자들 사이에 상호 친근감을 쌓음
> • 간접적인 방법으로 협상의사를 전달함
> • 상대방의 협상의지를 확인함
> • 협상진행을 위한 체제를 짬

① 협상 시작
② 상호 이해
③ 실질 이해
④ 해결 대안

35. 다음 중 높은 성과를 내는 임파워먼트 환경의 특징으로 옳지 않은 것은?

① 도전적이고 흥미 있는 일
② 성과에 대한 압박
③ 학습과 성장의 기회
④ 상부로부터의 지원

36. 다음 중 대인관계능력을 구성하는 하위능력으로 옳지 않은 것은?

① 팀워크능력

② 자아인식능력

③ 리더십능력

④ 갈등관리능력

37. 다음 사례에서 이 부장이 취할 수 있는 행동으로 적절하지 않은 것은?

○○기업에 다니는 이 부장은 최근 경기침체에 따른 회사의 매출부진과 관련하여 근무환경을 크게 변화시키기로 결정하였다. 하지만 그의 부하들은 물론 상사와 동료들조차 이 부장의 결정에 회의적이었고 부정적 시각을 내보였다. 그들은 변화에 소극적이었으며 갑작스런 변화는 오히려 회사의 존립자체를 무너뜨릴 수 있다고 판단하였다. 하지만 이 부장은 갑작스러운 변화가 처음에는 회사를 좀 더 어렵게 할 수 있으나 장기적으로 본다면 틀림없이 회사에 큰 장점으로 작용할 것이라고 확신하고 있었고 여기에는 전 직원의 협력과 노력이 필요하다고 하였다.

① 개방적 분위기를 조성한다.

② 변화의 긍정적 면을 강조한다.

③ 직원의 감정을 세심하게 살핀다.

④ 주관적인 자세를 유지한다.

38. 다음 열거된 항목들 중, 팀원에게 제시할 수 있는 '팀원의 강점을 잘 활용하여 팀 목표를 달성하는 효과적인 팀'의 핵심적인 특징으로 선택하기에 적절하지 않은 것은?

㉮ 객관적인 결정을 내린다.

㉯ 팀의 사명과 목표를 명확하게 기술한다.

㉰ 역할과 책임을 명료화시킨다.

㉱ 개인의 강점을 활용하기보다 짜인 시스템을 활용한다.

㉲ 의견의 불일치를 건설적으로 해결한다.

㉳ 결과보다 과정과 방법에 초점을 맞춘다.

① ㉮, ㉰, ㉱ ② ㉯, ㉲, ㉱, ㉳

③ ㉱, ㉳ ④ ㉲, ㉳

39. 협상에 있어 상대방을 설득시키는 일은 필수적이며 그 방법은 상황과 상대방에 따라 매우 다양하게 나타난다. 이에 따라 상대방을 설득하기 위한 협상 전략은 몇 가지로 구분될 수 있다. 협상 시 상대방을 설득시키기 위하여 상대방 관심사에 대한 정보를 확인 후 해당 분야의 전문가를 동반 참석시켜 우호적인 분위기를 이끌어낼 수 있는 전략은 어느 것인가?

① 호혜관계 형성 전략

② 권위 전략

③ 반항심 극복 전략

④ 헌신과 일관성 전략

40. 윈-윈(WIN-WIN) 갈등 관리법에 대한 설명으로 적절하지 않은 것은?

① 문제의 근본적인 해결책을 얻는 방법이다.

② 갈등을 피하거나 타협으로 예방하기 위한 방법이다.

③ 갈등 당사자 서로가 원하는 바를 얻을 수 있는 방법이다.

④ 긍정적인 접근방식에 의거한 갈등해결 방법이다.

NCS 직업기초능력평가 답안지

성명 | 성

1	①	②	③	④		21	①	②	③	④
2	①	②	③	④		22	①	②	③	④
3	①	②	③	④		23	①	②	③	④
4	①	②	③	④		24	①	②	③	④
5	①	②	③	④		25	①	②	③	④
6	①	②	③	④		26	①	②	③	④
7	①	②	③	④		27	①	②	③	④
8	①	②	③	④		28	①	②	③	④
9	①	②	③	④		29	①	②	③	④
10	①	②	③	④		30	①	②	③	④
11	①	②	③	④		31	①	②	③	④
12	①	②	③	④		32	①	②	③	④
13	①	②	③	④		33	①	②	③	④
14	①	②	③	④		34	①	②	③	④
15	①	②	③	④		35	①	②	③	④
16	①	②	③	④		36	①	②	③	④
17	①	②	③	④		37	①	②	③	④
18	①	②	③	④		38	①	②	③	④
19	①	②	③	④		39	①	②	③	④
20	①	②	③	④		40	①	②	③	④

수 험 번 호

⓪	⓪	⓪	⓪	⓪	⓪	⓪	⓪
①	①	①	①	①	①	①	①
②	②	②	②	②	②	②	②
③	③	③	③	③	③	③	③
④	④	④	④	④	④	④	④
⑤	⑤	⑤	⑤	⑤	⑤	⑤	⑤
⑥	⑥	⑥	⑥	⑥	⑥	⑥	⑥
⑦	⑦	⑦	⑦	⑦	⑦	⑦	⑦
⑧	⑧	⑧	⑧	⑧	⑧	⑧	⑧
⑨	⑨	⑨	⑨	⑨	⑨	⑨	⑨

MC새마을금고

일반직 6급 필기전형

제4회 모의고사

성명		생년월일	
문제 수(배점)	40문항	풀이시간	/ 40분
영역	의사소통능력, 수리능력, 문제해결능력, 조직이해능력, 대인관계능력		
비고	객관식 4지선다형		

＊ 유의사항 ＊

- 문제지 및 답안지의 해당란에 문제유형, 성명, 응시번호를 정확히 기재하세요.
- 모든 기재 및 표기사항은 "컴퓨터용 흑색 수성 사인펜"만 사용합니다.
- 예비 마킹은 중복 답안으로 판독될 수 있습니다.

제4회 MC새마을금고 일반직 6급 필기전형

1. 다음 ( ) 안에 들어갈 알맞은 단어를 고르면?

> 널리 여러 문헌을 (   )하다.

① 섭렵
② 숙고
③ 고뇌
④ 생각

2. 다음 글의 밑줄 친 부분을 고쳐 쓰기 위한 방안으로 적절하지 않은 것은?

> 봉사는 자발적으로 이루어지는 것이므로 원칙적으로 아무런 보상이 주어지지 않는다. ㉠ 그리고 적절한 칭찬이 주어지면 자발적 봉사자들의 경우에도 더욱 적극적으로 활동하게 된다고 한다. ㉡그러나 이러한 칭찬 대신 일정액의 보상을 제공하면 어떻게 될까? ㉢오히려 봉사자들의 동기는 약화된다고 한다. 나는 여름방학 동안에 봉사활동을 많이 해 왔다. 왜냐하면 봉사에 대해 주어지는 금전적 보상은 봉사자들에게 그릇된 메시지를 전달하기 때문이다. 봉사에 보수가 주어지면 봉사자들은 다른 봉사자들도 무보수로는 일하지 않는다고 생각할 것이고 언제나 보수를 기대하게 된다. 보수를 기대하게 되면 그것은 봉사라고 하기 어렵다. ㉣즉, 자발적 봉사가 사라진 자리를 이익이 남는 거래가 차지하고 만다.

① ㉠은 앞의 문장과는 상반된 내용이므로 '하지만'으로 고쳐 쓴다.
② ㉡에서 만일의 상황을 가정하므로 '그러나'는 '만일'로 고쳐 쓴다.
③ ㉢'오히려'는 뒤 내용이 일반적 예상과는 다른 결과가 될 것임을 암시하는데, 이는 적절하므로 그대로 둔다.
④ ㉣의 '즉'은 '예를 들면'으로 고쳐 쓴다.

3. 다음 ( ) 안에 들어갈 어휘로 바른 것을 고르시오.

> 영국 국경관리국(UK Border Agency)은 최근 맨체스터공항을 통과하는 여행객들을 검색하기 위해 안면인식기술(Facial Recognition Technology)을 시범 적용했다. 우선 여행객은 전자여권 (㉠)와 본인 (㉡)를 확인받는다. 다음으로 안면인식 스캐닝 장비가 장착된 심사대에서 사진을 찍은 여행객은 여권 칩에 기록된 자신의 이미지와 실제 이미지를 비교하는 과정을 거친다. 이 단계를 통과하지 못하는 여행객은 정밀한 추가 조사를 받거나 입국을 거부당하게 된다.

① ㉠ 진의(眞意) ㉡ 여부(與否)
② ㉠ 진의(眞意) ㉡ 여하(如何)
③ ㉠ 진위(眞僞) ㉡ 여부(與否)
④ ㉠ 진위(眞僞) ㉡ 여하(如何)

4. 다음 글을 순서에 맞게 논리적으로 배열한 것은?

㉠ 근대 이전에는 평범한 사람들이 책을 소유하는 것이 쉬운 일이 아니었다. 글자를 아예 읽을 수 없는 문맹사들도 많았으며, 신분이나 성별에 따른 차별 때문에 누구나 교육을 받을 수도 없었다. 옛사람들에게 책은 지금보다 훨씬 귀하고 비싼 물건이었다. 인쇄 기술이 발달하지 않았고 책을 쓰고 읽는 일 자체를 아무나 할 수 없었기 때문이다.

㉡ 이 일화는 노력을 통해 목표를 성취한 사람의 감동적인 이야기일 뿐만 아니라, 조선 시대의 독서 문화를 상징적으로 보여 주는 예이기도 하다. 고전이나 그에 버금가는 글을 수없이 읽고 암송하고 그것을 펼쳐 내는 일이 곧 지성을 갖추고 표현하는 일이었다.

㉢ 활자로 인쇄된 종이 책을 서점에서 값을 치르고 사와서 집에서 혼자 눈으로 읽는 독서 방식은 보편적인 것도 영원불변한 것도 아니다. 현재 이러한 독서는 매우 흔하지만, 우리나라를 비롯하여 전 세계적으로 20세기에 들어서고 나서야 일반화되었다.

㉣ 조선 중기의 관료이자 시인인 김득신은 어렸을 때 천연두를 심하게 앓아 총기(聰氣)를 잃고 말았다. 그래서 김득신은 남들이 두어 번만 읽으면 아는 글을 수십 수백 번, 수천수만 번씩 읽고 외웠다. 결국, 김득신은 과거에도 급제하고 시인이 되었다.

㉤ 그래서 옛사람들의 독서와 공부 방법은 요즘과 달랐다. 그들은 책을 수없이 반복해서 읽었고, 통째로 외는 방법으로 공부했다. 그리고 글을 쓸 때면 책에 담긴 이야기와 성현의 말씀을 인용하며 자기주장을 폈다.

① ㉢, ㉠, ㉤, ㉣, ㉡
② ㉢, ㉠, ㉤, ㉡, ㉣
③ ㉠, ㉢, ㉤, ㉣, ㉡
④ ㉠, ㉤, ㉢, ㉣, ㉡

5. 다음 문장 또는 글의 빈칸에 어울리지 않는 단어를 고르시오.

• 우리나라의 사회보장 체계는 사회적 위험을 보험의 방식으로 (　　)함으로써 국민의 건강과 소득을 보장한다.
• 혼자서 일상생활을 (　　)하기 어려운 노인 등에게 신체활동 또는 가사노동에 도움을 준다.
• 제조·판매업자가 장애인으로부터 서류일체를 위임받아 청구를 (　　)하였을 경우 지급이 가능한가요?
• 급속한 고령화에 능동적으로 (　　)할 수 있는 능력을 배양해야 한다.
• 고령 사회에 (　　)해 제도가 맞닥뜨린 문제점을 정확히 인식하고 개선방안을 모색하는 것이 필요하다.

① 완수
② 대비
③ 대행
④ 수행

6. 다음 글의 내용과 일치하지 않는 것은?

아침에 땀을 빼는 운동을 하면 식욕을 줄여준다는 연구결과가 나왔다. 미국 A대학 연구팀이 35명의 여성을 대상으로 이틀간 아침 운동에 따른 식욕의 변화를 측정한 결과다. 연구팀은 첫 번째 날은 45분간 운동을 시키고, 다음날은 운동을 하지 않게 하고는 음식 사진을 보여줬다. 이때 두뇌 부위에 전극 장치를 부착해 신경활동을 측정했다. 그 결과 운동을 한 날은 운동을 하지 않은 날에 비해 음식에 대한 주목도가 떨어졌다. 음식을 먹고 싶다는 생각이 그만큼 덜 든다는 얘기다. 뿐만 아니라 운동을 한 날은 하루 총 신체활동량이 증가했다. 운동으로 소비한 열량을 보충하기 위해 음식을 더 먹지도 않았다. 운동을 하지 않은 날 소모한 열량과 비슷한 열량을 섭취했을 뿐이다. 실험 참가자의 절반가량은 체질량지수(BMI)를 기준으로 할 때 비만이었는데, 이와 같은 현상은 비만 여부와 상관없이 나타났다.

① 운동을 한 날은 운동을 하지 않은 날에 비해 음식에 대한 주목도가 떨어졌다.

② 과한 운동은 신경활동과 신체활동량에 영향을 미친다.

③ 비만여부와 상관없이 아침운동은 식욕을 감소시킨다.

④ 운동을 한 날은 신체활동량이 증가한다.

7. 다음 제시된 글의 다음에 올 문장의 배열이 차례로 나열된 것은?

> 지섭 : 민아씨, 어디 아파요? 표정이 안 좋아 보여요.
>
> 민아 : 제가 원서 넣은 공단이 내일 면접이어서요. 그동안 스터디를 통해서 면접 연습을 많이 했는데도 벌써부터 긴장이 되네요.
>
> 지섭 : 민아씨는 자기 의견도 명확히 피력할 줄 알고 조리 있게 설명을 잘 하시니 걱정 안하셔도 될 것 같아요. 아, 손에 꽉 쥐고 계신 건 뭔가요?
>
> 민아 : 아, 제가 예상 답변을 정리해서 모아둔거에요. 내용은 거의 외웠는데 이렇게 쥐고 있지 않으면 불안해서..
>
> 지섭 : 그 정도로 준비를 철저히 하셨으면 걱정할 이유 없을 것 같아요.
>
> 민아 : 그래도 압박면접이거나 예상치 못한 질문이 들어오면 어떻게 하죠?
>
> 지섭 : _____

① 시선을 적절히 처리하면서 부드러운 어투로 말하는 연습을 해보는 건 어때요?

② 공식적인 자리인 만큼 옷차림을 신경 쓰는 게 좋을 것 같아요.

③ 당황하지 말고 질문자의 의도를 잘 파악해서 침착하게 대답하면 되지 않을까요?

④ 예상 질문에 대한 답변을 좀 더 정확하게 외워보는 건 어떨까요?

8. 다음 글을 읽고 등장인물들의 정서를 고려할 때 ( ) 안에 들어갈 가장 적절한 것은?

> 그는 얼마 전에 살고 있던 전셋집을 옮겼다고 했다. 그래 좀 늘려 갔느냐 했더니 한 동네에 있는 비슷한 집으로 갔단다. 요즘 같은 시절에 줄여 간 게 아니라면 그래도 잘된 게 아니냐 했더니 반응이 신통치를 않았다. 집이 형편없이 낡았다는 것이다. 아무리 낡았다고 해도 설마 무너지기야 하랴 하고 웃자 그도 따라 웃는다. 큰 아파트가 무너졌다는 애기를 들었어도 그가 살고 있는 단독주택 같은 집이 무너진다는 건 상상하기 힘들었을 테고, 또 (   ) 웃었을 것이다.

① 드디어 자기 처지를 진정으로 이해하기 시작했다고 생각하고

② 낡았다는 것을 무너질 위험이 있다는 뜻으로 엉뚱하게 해석한 데 대해

③ 이 사람이 지금 그걸 위로라고 해 주고 있나 해서

④ 설마 설마 하다가 정말 무너질 수도 있겠구나 하는 생각에

9. 다음에서 일정한 규칙을 찾아 빈칸에 들어갈 알맞은 숫자를 바르게 고른 것은?

5 7 11 19 ( ) 67 131

① 35

② 36

③ 37

④ 38

10. ○○전기 A지역본부의 작년 한 해 동안의 송전과 배전 설비 수리 건수는 총 238건이다. 설비를 개선하여 올해의 송전과 배전 설비 수리 건수가 작년보다 각각 40%, 10%씩 감소하였다. 올해 수리 건수의 비가 5 : 3일 경우, 올해의 송전 설비 수리 건수는 몇 건인가?

① 102건

② 100건

③ 98건

④ 96건

11. 아래에서 S기업이 물류비용 5%를 추가로 절감할 경우, S 기업은 얼마의 매출액을 증가시키는 것과 동일한 효과를 얻게 되는가?

• S기업 총 매출액 : 100억 원
• 매출액 대비 물류비 비중 : 10%
• 매출액 대비 이익률 : 5%

---

① 1억 원

② 1억 1천만 원

③ 10억 원

④ 11억 원

12. 배로 강을 100km 거슬러 올라가는 데 5시간, 같은 거리를 내려오는 데 2시간이 걸렸다. 배의 속력과 강물의 속력을 각각 구하면?

① 배의 속력 : 25km/시, 강물의 속력 : 15km/시

② 배의 속력 : 28km/시, 강물의 속력 : 10km/시

③ 배의 속력 : 30km/시, 강물의 속력 : 12km/시

④ 배의 속력 : 35km/시, 강물의 속력 : 15km/시

13. 휘발유 1리터로 12km를 가는 자동차가 있다. 연료계기판의 눈금이 $\frac{1}{3}$ 을 가리키고 있었는데 20리터의 휘발유를 넣었더니 눈금이 $\frac{2}{3}$ 를 가리켰다. 이후에 300km를 주행했다면, 남아 있는 연료는 몇 리터인가?

① 15L

② 16L

③ 17L

④ 18L

14. 다음은 신용대출의 중도상환에 관한 내용이다. 甲씨는 1년 후에 일시 상환하는 조건으로 500만 원을 신용대출 받았다. 그러나 잔여기간이 100일 남은 상태에서 중도 상환하려고 한다. 甲씨가 부담해야 하는 해약금은 약 얼마인가? (단, 원단위는 절사한다)

- 중도상환해약금 : 중도상환금액×중도상환적용요율×(잔여기간/대출기간)

구분	가계대출		기업대출	
	부동산 담보대출	신용/기타 담보대출	부동산 담보대출	신용/기타 담보대출
적용 요율	1.4%	0.8%	1.4%	1.0%

- 대출기간은 대출개시일로부터 대출기간만료일까지의 일수로 계산하되, 대출기간이 3년을 초과하는 경우에는 3년이 되는 날을 대출기간만료일로 한다.
- 잔여기간은 대출기간에서 대출개시일로부터 중도상환일까지의 경과일수를 차감하여 계산한다.

---

① 10,950원   ② 11,950원

③ 12,950원   ④ 13,950원

15. 주머니 A에는 흰 공 2개, 검은 공 4개가 들어 있고, 주머니 B에는 흰 공 4개, 검은 공 2개가 들어 있다. 주머니 A에서 임의로 2개의 공을 꺼내어 주머니 B에 넣고 섞은 다음 주머니 B에서 임의로 2개의 공을 꺼내어 주머니 A에 넣었더니 두 주머니에 있는 검은 공의 개수가 서로 같아졌다. 이때 주머니 A에서 꺼낸 공이 모두 검은 공이었을 확률은?

① $\dfrac{6}{11}$ ② $\dfrac{13}{22}$

③ $\dfrac{7}{11}$ ④ $\dfrac{15}{22}$

16. 다음은 지역별 어음부도율과 지역·업종별 부도 법인 수를 나타낸 것이다. 다음 표를 분석한 내용으로 옳은 것은?

[표 1] 지역별 어음부도율

(전자결제 조정 후, 단위 : %)

구분	2025년			
	1월	2월	3월	4월
전국	0.02	0.02	0.02	0.01
서울	0.01	0.01	0.01	0.01
지방	0.05	0.03	0.06	0.03

[표 2] 지역·업종별 부도 법인 수

(단위 : 개)

구분	2025년			
	1월	2월	3월	4월
제조업	43	34	37	37
건설업	26	36	27	11
서비스업	48	54	36	39
기타	13	4	3	7
소계	130	128	103	94

※ 기타는 농림어업, 광업, 전기·가스·수도 등

- ㉠ 지방의 경기가 서울의 경기보다 더 빠르게 회복세를 보인다.
- ㉡ 제조업이 부도업체 전체에 차지하는 비율이 1월보다 4월이 높다.
- ㉢ 어음부도율이 낮아지는 현상은 국내 경기가 전월보다 회복세를 보이고 있다는 것으로 볼 수 있다.

---

① ㉠

② ㉠, ㉡

③ ㉠, ㉢

④ ㉠, ㉡, ㉢

17. 다음을 읽고 네 사람의 직업이 중복되지 않을 때 C의 직업은 무엇인지 고르면?

ㄱ A가 국회의원이라면 D는 영화배우이다.

ㄴ B가 승무원이라면 D는 치과의사이다.

ㄷ C가 영화배우면 B는 승무원이다.

ㄹ C가 치과의사가 아니라면 D는 국회의원이다.

ㅁ D가 치과의사가 아니라면 B는 영화배우가 아니다.

ㅂ B는 국회의원이 아니다.

---

① 국회의원

② 영화배우

③ 승무원

④ 치과의사

18. W사는 작년에 이어 올해에도 연수원에서 체육대회를 개최하였다. 본부대항 축구 시합을 하는데 인원이 많지 않아 팀별 8명씩의 선수로 구성하게 되었다. 다음을 만족할 때, 영업본부가 만들 수 있는 축구팀 인원 구성의 경우의 수는 모두 몇 가지인가? (단, 영업본부에는 부장이 2명, 과장과 대리 각각 5명, 사원이 3명 있다)

• 부장과 과장은 최소한 1명 이상씩 포함시킨다.

• 사원은 출전하지 않거나 혹은 2명을 포함시킨다.

• 대리는 3명 이상 포함시킨다.

---

① 6가지

② 7가지

③ 8가지

④ 9가지

19. 다음 글의 내용이 참일 때, 반드시 거짓인 것은?

• 착한 사람들 중에서 똑똑한 여자는 모두 인기가 많다.

• 똑똑한 사람들 중에서 착한 남자는 모두 인기가 많다.

• "인기가 많지 않지만 멋진 남자가 있다"라는 말은 거짓이다.

• 영희는 멋지지 않지만 똑똑한 여자이다.

• 철수는 인기는 많지 않지만 착한 남자이다.

• 여자든 남자든 당연히 사람이다.

---

① 철수는 똑똑하지 않다.

② 철수는 멋지거나 똑똑하다.

③ 똑똑하지만 멋지지 않은 사람이 있다.

④ 영희가 인기가 많지 않다면, 그녀는 착하지 않다.

20. 다음 중 업무상 일어나는 문제를 해결할 때 필요한 '분석적 사고'에 대한 설명으로 올바른 것은?

① 사실 지향의 문제는 기대하는 결과를 명시하고 효과적으로 달성하는 방법을 사전에 구상하고 실행에 옮겨야 한다.

② 가설 지향의 문제는 일상 업무에서 일어나는 상식, 편견을 타파하여 객관적 사실로부터 사고와 행동을 출발한다.

③ 전체를 각각의 요소로 나누어 그 요소의 의미를 도출한 다음 우선순위를 부여하고 구체적인 문제해결방법을 실행하는 것이다.

④ 성과 지향의 문제는 현상 및 원인분석 전에 지식과 경험을 바탕으로 일의 과정이나 결과, 결론을 가정한 다음 검증 후 사실일 경우 다음 단계의 일을 수행한다.

▌21~22 ▐ S사와 H사는 신제품을 공동개발하여 판매한 총 순이익을 다음과 같은 기준으로 분배하기로 합의하였다. 합의한 기준 및 비용과 순이익이 다음과 같을 때, 물음에 답하시오.

〈분배기준〉

㉠ S사와 H사는 총 순이익에서 각 회사의 제조원가의 5%에 해당하는 금액을 우선 각자 분배받는다(우선분배).

㉡ 총 순이익에서 ㉠의 금액을 제외한 나머지 금액에 대한 분배기준은 연구개발비, 판매관리비, 광고홍보비 중 각 회사에서 가장 많이 든 비용과 가장 적게 든 두 비용의 합으로 결정하며 이 두 비용의 합에 비례하여 분배액을 정하기로 한다(나중분배).

〈비용과 순이익〉

(단위 : 억 원)

구분	S사	H사
제조원가	200	600
연구개발비	100	300
판매관리비	200	200
광고홍보비	250	150
총 순이익	200	

---

21. 다음 중 옳지 않은 것은?

① S사의 분배기준은 연구개발비와 광고홍보비가 된다.

② S사와 H사의 총 순이익분배비는 2 : 3이 된다.

③ 우선분배금액은 H사가 많지만 총 분배금액은 S사가 더 많다.

④ 나중분배의 분배기준을 연구개발비, 판매관리비, 광고홍보비의 합으로 수정한다면 S사에게 이득이다.

22. S사와 H사 모두 판매관리비를 50억 원 감축했는데도 불구하고 순 이익이 이전과 같았다면 다음 중 맞는 설명은?

① S사의 총 이익분배금이 증가한다.

② H사의 총 이익분배금이 증가한다.

③ 두 회사의 총 이익분배금이 같다.

④ 두 회사의 총 이익분배금이 이전과 변화가 없다.

23. 생일파티를 하던 미경, 진희, 소라가 케이크를 먹었는지에 대한 여부를 다음과 같이 이야기하였는데 이 세 명은 진실과 거짓을 한 가지씩 이야기 하였다. 다음 중 옳은 것은?

미경 : 나는 케이크를 먹었고, 진희는 케이크를 먹지 않았다.

진희 : 나는 케이크를 먹지 않았고, 소라도 케이크를 먹지 않았다.

소라 : 나는 케이크를 먹지 않았고, 진희도 케이크를 먹지 않았다.

---

① 미경이가 케이크를 먹었다면 소라도 케이크를 먹었다.

② 진희가 케이크를 먹었다면 미경이는 케이크를 먹지 않았다.

③ 미경이가 케이크를 먹지 않았다면 소라는 케이크를 먹었다.

④ 소라가 케이크를 먹었다면 미경이도 케이크를 먹었다.

24. A, B, C, D, E, F가 달리기 경주를 하여 보기와 같은 결과를 얻었다. 1등부터 6등까지 순서대로 나열한 것은?

㉠ A는 D보다 먼저 결승점에 도착하였다.

㉡ E는 B보다 더 늦게 도착하였다.

㉢ D는 C보다 먼저 결승점에 도착하였다.

㉣ B는 A보다 더 늦게 도착하였다.

㉤ E가 F보다 더 앞서 도착하였다.

㉥ C보다 먼저 결승점에 들어온 사람은 두 명이다.

---

① A – D – C – B – E – F

② A – D – C – E – B – F

③ F – E – B – C – D – A

④ B – F – C – E – D – A

25. 조직문화는 흔히 관계지향 문화, 혁신지향 문화, 위계지향 문화, 과업지향 문화의 네 가지로 분류된다. 다음 글에서 제시된 ㈎~㈑와 같은 특징 중 과업지향 문화에 해당하는 것은 어느 것인가?

> ㈎ A팀은 무엇보다 엄격한 통제를 통한 결속과 안정성을 추구하는 분위기이다. 분명한 명령계통으로 조직의 통합을 이루는 일을 제일의 가치로 삼는다.
>
> ㈏ B팀은 업무 수행의 효율성을 강조하며 목표 달성과 생산성 향상을 위해 전 조직원이 산출물 극대화를 위해 노력하는 문화가 조성되어 있다.
>
> ㈐ C팀은 자율성과 개인의 책임을 강조한다. 고유 업무 뿐 아니라 근태, 잔업, 퇴근 후 시간활용 등에 있어서도 정해진 흐름을 배제하고 개인의 자율과 그에 따른 책임을 강조한다.
>
> ㈑ D팀은 직원들 간의 응집력과 사기 진작을 위한 방안을 모색 중이다. 인적자원의 가치를 개발하기 위해 직원들 간의 관계에 초점을 둔 조직문화가 D팀의 특징이다.

① ㈎

② ㈏

③ ㈐

④ ㈑

26. 다음과 관련된 개념은 무엇인가?

> 조직이 지속되게 되면서 조직구성원들 간에 공유되는 생활양식이나 가치로 조직구성원들의 사고와 행동에 영향을 미치며 일체감과 정체성을 부여하고 조직이 안정적으로 유지되게 한다. 최근 조직문화에 대한 중요성이 부각되면서 긍정적인 방향으로 조성하기 위한 경영층의 노력이 이루어지고 있다.

① 조직문화

② 조직위계

③ 조직목표

④ 조직구조

27. 다음 중 ㉠에 들어갈 경영전략 추진과정은?

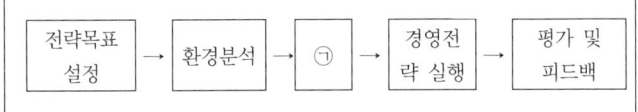

① 경영전략 구성

② 경영전략 분석

③ 경영전략 도출

④ 경영전략 제고

28. 다음 중 조직의 유형으로 옳지 않은 것은?

① 비영리조직은 대표적으로 병원이나 대학이 있다.

② 영리조직은 대표적으로 친목회가 있다.

③ 소규모 조직은 대표적으로 가족 소유의 상점이 있다.

④ 대규모 조직은 대표적으로 대기업이 있다.

29. S 전자기업의 각 부서별 직원과 업무 간의 연결이 옳지 않은 것을 고르시오.

① 영업부 김 대리 : 제품의 재고조절, 거래처로부터의 불만 처리, 판매계획

② 회계부 이 과장 : 재무상태 및 경영실적 보고, 결산 관련 업무

③ 인사부 박 부장 : 인사발령 및 임금제도, 복리후생제도 및 지원업무, 퇴직관리

④ 총무부 정 사원 : 외상매출금의 청구 및 회수, 판매예산의 편성, 견적 및 계약

30. 다음에서 설명하는 리더십의 형태는 무엇인가?

주식회사 서원각의 편집부 팀장인 K씨는 그동안 자신의 팀이 유지해온 업무수행 상태에 문제가 있음을 판단하고 있다. 이를 개선하기 위하여 K씨는 팀에 명확한 비전을 제시하고 팀원들로 하여금 업무에 몰두할 수 있도록 격려하였다.

① 독재자 유형

② 파트너십 유형

③ 민주주의 유형

④ 변혁적 유형

31. 다음 중 아래의 조직도를 올바르게 이해한 것은?

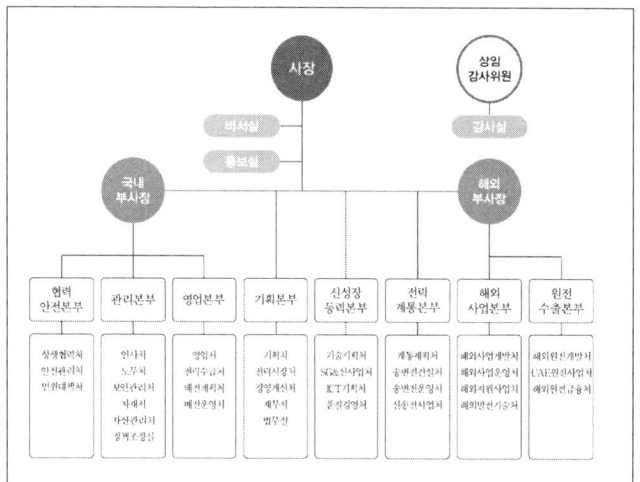

㉠ 사장직속으로는 3개 본부, 13개 처, 2개 실로 구성되어 있다.

㉡ 국내·해외부사장은 각 3개의 본부를 이끌고 있다.

㉢ 감사실은 다른 부서들과는 별도로 상임 감사위원 산하에 따로 소속되어 있다.

㉣ 노무처와 재무처는 서로 업무협동이 있어야 하므로 같은 본부에 소속되어 있다.

① ㉠

② ㉢

③ ㉡, ㉢

④ ㉡, ㉣

32. '경영참가제도'는 노사협의제, 이윤분배제, 종업원지주제 등의 형태로 나타난다. 다음에 제시된 항목 중, 이러한 경영참가제도가 발전하게 된 배경으로 보기 어려운 두 가지가 알맞게 짝지어진 것은?

ⓐ 근로자들의 경영참가 욕구 증대
ⓑ 노동조합을 적대적 존재로서가 아니라 파트너로서 역할을 인정하게 된 사용자 측의 변화
ⓒ 노동조합의 다양한 기능의 점진적 축소
ⓓ 기술혁신과 생산성 향상
ⓔ 근로자의 자발적, 능동적 참여가 사기와 만족도를 높이고 생산성 향상에 기여하게 된다는 의식이 확산됨
ⓕ 노사 양측의 조직규모가 축소됨에 따라 기업의 사회적 책임 의식이 약해짐

---

① ㉠, ㉢
② ㉡, ㉥
③ ㉡, ㉣
④ ㉢, ㉥

33. 다음 글은 A라는 변호사가 B라는 의뢰자에게 하는 커뮤니케이션의 스킬을 나타낸 것이다. 대화를 읽고 A 변호사의 커뮤니케이션 스킬에 대한 내용으로 가장 거리가 먼 것을 고르면?

A : "좀 꺼내기 어려운 얘기지만 방금 말씀하신 변호사 보수에 대해 저희 사무실 입장을 솔직히 말씀드려도 실례가 되지 않을까요?"

B : 네, 그러세요

A : "아마 알아보시면 아시겠지만 통상 중형법률사무소 변호사들의 시간당 단가가 20만 원 내지 40만 원 정도 사이입니다. 이 사건에 투입될 변호사는 3명이고 그 3명의 시간당 단가는 20만 원, 25만 원, 30만 원이며 변호사별로 약 ○○시간 동안 이 일을 하게 될 것 같습니다. 그렇다면 전체적으로 저희 사무실에서 투여되는 비용은 800만 원 정도인데, 지금 의뢰인께서 말씀하시는 300만 원의 비용만을 받게 된다면 저희들은 약 500만 원 정도의 손해를 볼 수밖에 없습니다."

B : 그렇군요.

A : "그 정도로 손실을 보게 되면 저는 대표변호사님이나 선배 변호사님들께 다른 사건을 두고 왜 이 사건을 진행해서 전체적인 사무실 수익성을 악화시켰냐는 질책을 받을 수 있습니다. 어차피 법률사무소도 수익을 내지 않으면 힘들다는 것은 이해하실 수 있으시겠죠?"

B : 네, 이해가 됩니다.

A : "어느 정도 비용을 보장해 주셔야 저희 변호사들이 힘을 내서 일을 할 수 있고, 사무실 차원에서도 제가 전폭적인 지원을 이끌어낼 수 있습니다. 이는 귀사를 위해서도 바람직할 것이라 여겨집니다."

B : 네

A : "너무 제 입장만 말씀 드린 거 같습니다. 제 의견에 대해 어떻게 생각하시는지요?"

B : 듣고 보니 맞는 말씀이네요.

---

① 상대에게 솔직하다는 느낌을 전달하게 된다.
② 상대는 변명하려 하거나 반감, 저항, 공격성을 보인다.
③ 상대는 나의 느낌을 수용하며, 자발적으로 스스로의 문제를 해결하고자 하는 의도를 가진다.
④ 상대에게 개방적이라는 느낌을 전달하게 된다.

34. 다음 기사를 읽고 밑줄 친 부분과 관련한 내용으로 가장 거리가 먼 것은?

> 최근 포항·경주 등 경북지역 기업들에 정부의 일학습병행제가 본격 추진되면서 큰 관심을 보이고 있는 가운데, 포스코 외주파트너사인 (주)세영기업이 지난 17일 직무개발훈련장의 개소식을 열고 첫 발걸음을 내디뎠다. 청년층의 실업난 해소와 고용 창출의 해법으로 정부가 시행하는 일학습병행제는 기업이 청년 취업희망자를 채용해 이론 및 실무교육을 실시한 뒤 정부로부터 보조금을 지원받을 수 있는 제도로, (주)세영기업은 최근 한국산업인력공단 포항지사와 함께 취업희망자를 선발했고 오는 8월 1일부터 본격적인 실무교육에 나설 전망이다.
>
> (주)세영기업 대표이사는 "사업 전 신입사원 OJT는 단기간 수료해 현장 배치 및 직무수행을 하면서 직무능력수준 및 조직 적응력 저하, 안전사고 발생위험 등 여러 가지 문제가 있었다"며 "이번 사업을 통해 2~3년 소요되던 직무능력을 1년 만에 갖출 수 있어 생산성 향상과 조직만족도가 향상될 것"이라고 밝혔다.

① 전사적인 교육훈련이 아닌 통상적으로 각 부서의 장이 주관하여 업무에 관련된 계획 및 집행의 책임을 지는 일종의 부서 내 교육훈련이다.

② 교육훈련에 대한 내용 및 수준에 있어서의 통일성을 기하기 어렵다.

③ 상사 또는 동료 간 이해 및 협조정신 등을 높일 수 있다.

④ 다수의 종업원을 훈련하는 데에 있어 가장 적절한 훈련기법이다.

35. 다음 중 이미지 메이킹에 관한 내용으로 옳지 않은 것은?

① 개인이 추구하고자 하는 목표를 이루기 위해서 스스로 자기 이미지를 통합적으로 관리하는 것이다.

② 자기가치를 발견하고 이를 최고의 삶으로 만들어 가기 위한 전 분야에 걸친 자기 삶의 총체적인 경영전략이다.

③ 현대생활예절은 구체적인 방식 및 규칙 등을 여러 다양한 측면에서 제공한다.

④ 비언어적 커뮤니케이션 수단이며, 소극적인 의사소통행위이다.

36. 다음 중 대인관계능력에 대한 정의로 옳은 것은?

① 직장생활에서 문서나 상대방이 하는 말의 의미를 파악하고 자신의 의사를 정확하게 표현하며 간단한 외국어 자료를 읽거나 외국인의 의사표시를 이해하는 능력

② 직업인으로서 자신의 능력, 적성, 특성 등을 이해하고 목표성취를 위해 스스로를 관리하며 개발해 나가는 능력

③ 직장생활에서 협조적인 관계를 유지하고 조직구성원들에게 도움을 줄 수 있으며 조직 내·외부의 갈등을 원만히 해결하고 고객의 요구를 충족시켜줄 수 있는 능력

④ 목표와 현상을 분석하고 이 결과를 토대로 과제를 도출하여 최적의 해결책을 찾아 실행하고 평가해 나가는 능력

37. 다음 중 협상에서 주로 나타나는 실수와 그 대처방안이 잘못된 것은?

① 준비되기도 전에 협상이 시작되는 경우 아직 준비가 덜 되었음을 솔직히 말하고 상대방의 입장을 묻는 기회로 삼는다.

② 협상 상대가 협상에 대하여 타결권한을 가진 최고책임자인지 확인하고 협상을 시작한다.

③ 협상의 통제권을 잃을까 두려워하지 말고 의견 차이를 조정하면서 최선의 해결책을 찾기 위해 노력한다.

④ 설정한 목표와 한계에서 벗어나지 않기 위해 한계와 목표를 기록하고 협상의 길잡이로 삼는다.

38. 다음 글에서와 같이 노조와의 갈등에 있어 최 사장이 보여 준 갈등해결방법은 어느 유형에 속하는가?

노조위원장은 임금 인상안이 받아들여지지 않자 공장의 중간관리자급들을 동원해 전격 파업을 단행하기로 하였고, 이들은 임금 인상과 더불어 자신들에게 부당한 처우를 강요한 공장장의 교체를 요구하였다. 회사의 창립 멤버로 회사 발전에 기여가 큰 공장장을 교체한다는 것은 최 사장이 단 한 번도 상상해 본 적 없는 일인지라 오히려 최 사장에게는 임금 인상 요구가 하찮게 여겨질 정도로 무거운 문제에 봉착하게 되었다. 1시간 뒤 가진 노조 대표와의 협상 테이블에서 최 사장은 임금과 부당한 처우 관련 모든 문제는 자신에게 있으니 공장장을 볼모로 임금 인상을 요구하지는 말 것을 노조 측에 부탁하였고, 공장장 교체 요구를 철회한다면 임금 인상안을 매우 긍정적으로 검토하겠다는 약속을 하게 되었다. 또한, 노조원들의 처우 관련 개선안이나 불만사항은 자신에게 직접 요청하여 합리적인 사안의 경우 즉시 수용할 것임을 전달하기도 하였다. 결국 이러한 최 사장의 노력을 받아들인 노조는 파업을 중단하고 다시 업무에 복귀하게 되었다.

① 수용형
② 경쟁형
③ 타협형
④ 통합형

39. 고객서비스 팀의 과장인 A는 아침부터 제품에 대한 문의를 해오는 여러 유형의 고객들에게 전화로 설명하고 있다. 하지만 모든 고객이 동일하지는 않다는 것을 전화업무를 통해 항상 느끼는 A는 그 동안의 전화업무를 통해 고객의 유형 및 이에 대한 특징을 구체화시키게 되었다. 다음 중 A가 파악한 고객의 유형 및 그 특징의 연결로 가장 바르지 않은 것을 고르면?

① 전문가형 고객 – 자신을 과시하는 스타일의 고객으로 자신이 모든 것을 다 알고 있는 전문가처럼 행동하는 경향이 짙다.
② 호의적인 고객 – 사교적, 협조적이고 합리적이면서 진지한 반면에 자신이 하고 싶지 않거나 할 수 없는 일에도 약속을 해서 상대방을 실망시키는 경우도 있다.
③ 저돌적인 고객 – 상황을 처리하는데 있어 단지 자신이 생각한 한 가지 방법 밖에 없다고 믿도록 타인으로부터의 피드백을 받아들이려 하지 않는 경향이 강하다.
④ 빈정거리는 고객 – 자아가 강하면서 끈질긴 성격을 가진 사람이다.

40. 효과적인 팀이란 팀 에너지를 최대로 활용하는 고성과 팀이다. 다음 중 이러한 '효과적인 팀'이 가진 특징으로 적절하지 않은 것은?

① 역할과 책임을 명료화시킨다.
② 결과보다는 과정에 초점을 맞춘다.
③ 개방적으로 의사소통한다.
④ 개인의 강점을 활용한다.

NCS 직업기초능력평가 답안지

성명		성

	1	①	②	③	④		21	①	②	③	④
	2	①	②	③	④		22	①	②	③	④
	3	①	②	③	④		23	①	②	③	④
	4	①	②	③	④		24	①	②	③	④
	5	①	②	③	④		25	①	②	③	④
	6	①	②	③	④		26	①	②	③	④
	7	①	②	③	④		27	①	②	③	④
	8	①	②	③	④		28	①	②	③	④
	9	①	②	③	④		29	①	②	③	④
	10	①	②	③	④		30	①	②	③	④
	11	①	②	③	④		31	①	②	③	④
	12	①	②	③	④		32	①	②	③	④
	13	①	②	③	④		33	①	②	③	④
	14	①	②	③	④		34	①	②	③	④
	15	①	②	③	④		35	①	②	③	④
	16	①	②	③	④		36	①	②	③	④
	17	①	②	③	④		37	①	②	③	④
	18	①	②	③	④		38	①	②	③	④
	19	①	②	③	④		39	①	②	③	④
	20	①	②	③	④		40	①	②	③	④

수 험 번 호

⓪	⓪	⓪	⓪	⓪	⓪	⓪	⓪	⓪
①	①	①	①	①	①	①	①	①
②	②	②	②	②	②	②	②	②
③	③	③	③	③	③	③	③	③
④	④	④	④	④	④	④	④	④
⑤	⑤	⑤	⑤	⑤	⑤	⑤	⑤	⑤
⑥	⑥	⑥	⑥	⑥	⑥	⑥	⑥	⑥
⑦	⑦	⑦	⑦	⑦	⑦	⑦	⑦	⑦
⑧	⑧	⑧	⑧	⑧	⑧	⑧	⑧	⑧
⑨	⑨	⑨	⑨	⑨	⑨	⑨	⑨	⑨

MC새마을금고

일반직 6급 필기전형

제5회 모의고사

성명		생년월일	
문제 수(배점)	40문항	풀이시간	/ 40분
영역	의사소통능력, 수리능력, 문제해결능력, 조직이해능력, 대인관계능력		
비고	객관식 4지선다형		

✳ 유의사항 ✳

- 문제지 및 답안지의 해당란에 문제유형, 성명, 응시번호를 정확히 기재하세요.
- 모든 기재 및 표기사항은 "컴퓨터용 흑색 수성 사인펜"만 사용합니다.
- 예비 마킹은 중복 답안으로 판독될 수 있습니다.

1. 다음 ( ) 안에 들어갈 알맞은 단어를 고르면?

> 법원에서 약식명령장이 ( ) 되었다.

① 복사   ② 발행
③ 발부   ④ 발신

2. 다음 문장의 문맥상 ( ) 안에 들어갈 단어로 가장 적절한 것은?

> 그렇게 기세등등했던 영감이 병색이 짙은 ( )한 얼굴을 하고 묏등이 파헤쳐지는 것을 지켜보고 있었다.

① 명석   ② 초췌
③ 비굴   ④ 좌절

3. 다음 문장 또는 글의 빈칸에 어울리지 않는 단어를 고르시오.

> • 돈의 사용에 대해서 ( )을/를 달리한다.
> • 학생들은 과학자보다 연예인이 되기를 더 ( )한다.
> • 오늘날 흡연은 사회적 ( )이/가 되었다.
> • 최근 북한의 인권 문제에 대하여 미국 의회가 문제를 ( )하였다.
> • 직장 내에서 갈등의 양상은 다양하게 ( )된다.

① 선호   ② 제기
③ 견해   ④ 전제

4. 다음 글을 순서에 맞게 배열한 것은?

> 저소득 계층을 위한 지원 방안으로는 대상자에게 현금을 직접 지급하는 소득보조, 생활필수품의 가격을 할인해 주는 가격보조 등이 있다.
> ㈎ 특별한 조건이 없다면 최적의 소비선택은 무차별 곡선과 예산선의 접점에서 이루어진다.
> ㈏ 또한 X재, Y재를 함께 구매했을 때, 만족도가 동일하게 나타나는 X재와 Y재 수량을 조합한 선을 무차별 곡선이라고 한다.
> ㈐ 그런데 소득보조나 가격보조가 실시되면 실질 소득의 증가로 예산선이 변하고, 이에 따라 소비자마다 만족하는 상품 조합도 변하게 된다.
> ㈑ 이 제도들을 이해하기 위해서는 먼저 대체효과와 소득효과의 개념을 아는 것이 필요하다.
> ㈒ 어떤 소비자가 X재와 Y재만을 구입한다고 할 때, 한정된 소득 범위 내에서 최대로 구입 가능한 X재와 Y재의 수량을 나타낸 선을 예산선이라고 한다.
> 즉 예산선과 무차별 곡선의 변화에 따라 각 소비자의 최적 선택지점도 변하는 것이다.

① ㈎ - ㈏ - ㈑ - ㈒ - ㈐
② ㈐ - ㈒ - ㈎ - ㈏ - ㈑
③ ㈑ - ㈒ - ㈏ - ㈎ - ㈐
④ ㈒ - ㈎ - ㈏ - ㈐ - ㈑

5. A 무역회사에 다니는 乙 씨는 회의에서 발표할 '해외 시장 진출 육성 방안'에 대해 다음과 같이 개요를 작성하였다. 이를 검토하던 甲이 지시한 내용 중 잘못된 것은?

> Ⅰ. 서론
> • 해외 시장에 진출한 우리 회사 제품 수의 증가 …… ㉠
> • 해외 시장 진출을 위한 장기적인 전략의 필요성
>
> Ⅱ. 본론
> 1. 해외 시장 진출의 의의
>   • 다른 나라와의 경제적 연대 증진 …… ㉡
>   • 해외 시장 속 우리 회사의 위상 제고
> 2. 해외 시장 진출의 장애 요소
>   • 해외 시장 진출 관련 재정 지원 부족
>   • 우리 회사에 대한 현지인의 인지도 부족 …… ㉢
>   • 해외 시장 진출 전문 인력 부족
> 3. 해외 시장 진출 지원 및 육성 방안
>   • 재정의 투명한 관리 …… ㉣
>   • 인지도를 높이기 위한 현지 홍보 활동
>   • 해외 시장 진출 전문 인력 충원
>
> Ⅲ. 결론
> • 해외 시장 진출의 전망

① ㉠ : 해외 시장에 진출한 우리 회사 제품 수를 통계 수치로 제시하면 더 좋겠군

② ㉡ : 다른 나라에 진출한 타 기업 수 현황을 근거 자료로 제시하면 더 좋겠군

③ ㉢ : 우리 회사에 대한 현지인의 인지도를 타 기업과 비교해 상대적으로 낮음을 보여주면 효과적이겠군

④ ㉣ : Ⅱ-2를 고려할 때 '해외 시장 진출 관련 재정 확보 및 지원'으로 수정하는 것이 좋겠군

6. 다음 문맥상 ( ) 안에 들어갈 내용으로 가장 적절한 것은?

> 동물 권리 옹호론자들의 주장과는 달리, 동물과 인류의 거래는 적어도 현재까지는 크나큰 성공을 거두었다. 소, 돼지, 개, 고양이, 닭은 번성해온 반면, 야생에 남은 그들의 조상은 소멸의 위기를 맞았다. 북미에 현재 남아 있는 늑대는 1만 마리에 불과하지만, 개는 5,000만 마리다. 이들 동물에게는 자율성의 상실이 큰 문제가 되지 않는 것처럼 보인다.
> 동물 권리 옹호론자들의 말에 따르면, (   ) 하지만 개의 행복은 인간에게 도움을 주는 수단 역할을 하는 데 있다. 이런 동물은 결코 자유나 해방을 원하지 않는다.

① 가축화는 인간이 강요한 것이 아니라 동물들이 선택한 것이다.

② 동물들이 야생성을 버림으로써 비로소 인간과 공생관계를 유지해 왔다.

③ 동물을 목적이 아니라 수단으로 다루는 것은 잘못된 일이다.

④ 동물들에게 자율성을 부여할 때 동물의 개체는 더 늘어날 수 있다.

7. 다음 글은 미괄식으로 짜여진 하나의 단락을 순서 없이 나열한 것이다. 이를 논리적 흐름에 맞게 재배열한 것은?

> ㉠ 그리고 수렴된 의도를 합리적으로 처리해야 할 것이다.
> ㉡ 민주주의는 결코 하루아침에 이룩될 수 없다는 것을 느낀다.
> ㉢ 그렇게 본다면 이 땅에서의 민주 제도는 너무나 짧은 역사를 가지고 있다.
> ㉣ 민주주의가 비교적 잘 실현되고 있는 서구 각국의 역사를 돌아보아도 그러하다.
> ㉤ 우리의 의식 또한 확고하게 위임된 책임과 의무를 깊이 깨닫고, 민중의 뜻을 남김없이 수렴하여야 한다.
> ㉥ 민주주의는 정치, 경제, 사회의 제도 자체에서 고루 이루어져야 할 것임은 물론, 우리들의 의식 속에서 이루어져야 하기 때문이다.

① ㉡㉢㉥㉠㉣㉤

② ㉡㉥㉢㉣㉤㉠

③ ㉡㉣㉥㉢㉤㉠

④ ㉡㉣㉤㉥㉠㉢

8. 다음 글의 ㉠ ~ ㉣ 중 글의 흐름으로 보아 삭제해도 되는 문장은?

> ㉠ 토의는 어떤 공통된 문제에 대해 최선의 해결안을 얻기 위하여 여러 사람이 의논하는 말하기 양식이다. ㉡ 패널 토의, 심포지엄 등이 그 대표적 예이다. ㉢ 토의가 여러 사람이 모여 공동의 문제를 해결하는 것이라면 토론은 의견을 모으지 못한 어떤 쟁점에 대하여 찬성과 반대로 나뉘어 각자의 주장과 근거를 들어 상대방을 설득하는 것이라 할 수 있다. ㉣ 패널 토의는 3 ~ 6인의 전문가들이 사회자의 진행에 따라, 일반 청중 앞에서 토의 문제에 대한 정보나 지식, 의견이나 견해 등을 자유롭게 주고받는 유형이다. 심포지엄은 전문가가 참여한다는 점, 청중과 질의 · 응답 시간을 갖는다는 점에서는 패널토의와 비슷하다. 다만 전문가가 토의 문제의 하위 주제에 대해 서로 다른 관점에서 연설이나 강연의 형식으로 10분 정도 발표한다는 점에서는 차이가 있다.

① ㉠

② ㉡

③ ㉢

④ ㉣

9. 다음에서 일정한 규칙을 찾아 빈칸에 들어갈 알맞은 숫자를 바르게 고른 것은?

> 31 4 3   50 ( ) 5   72 18 6   100 28 8

① 2

② 3

③ 4

④ 5

10. 영수가 달리기를 하는데 처음에는 초속 6m의 속력으로 뛰다가 반환점을 돈 후에는 분속 90m의 속력으로 걸어서 30분 동안 4.5km를 운동했다면 출발지에서 반환점까지의 거리는?

① 2,400m

② 3,000m

③ 3,600m

④ 4,000m

11. 원가가 500원인 지우개가 있다. 처음에 $x\%$의 이윤을 남겨 정가로 정하여 10개를 판매했다. 하지만 잘 팔리지 않아 정가의 $x\%$를 할인하여 50개를 판매하였다. 이때 이윤이 0원이었다면, x의 값은?

① 5

② 10

③ 15

④ 20

12. 다음 표는 두 나라의 출산휴가와 육아휴가 최대 기간과 임금 대체율에 대한 내용이다. 정상 주급이 60만 원을 받는 두 나라 여성이 각각 1월 1일(월)부터 출산휴가와 육아휴가를 최대한 사용할 경우, 첫 52주의 기간에 대하여 두 여성이 받게 되는 총임금의 차이는? (단, 육아휴가는 출산휴가 후 연이어 사용하며, 육아휴가를 사용한 후에는 바로 업무에 복귀하여 정상 주급을 받는다. 또한 임금대체율은 $\dfrac{\text{휴가기간의 주급}}{\text{정상 주급}} \times 100$으로 구한다)

구분	출산휴가		육아휴가	
	최대 기간	임금대체율	최대 기간	임금대체율
A국	15주	100%	52주	80%
B국	15주	60%	35주	50%

① 800만 원 초과 900만 원 이하

② 900만 원 초과 1,000만 원 이하

③ 1,000만 원 초과 1,100만 원 이하

④ 1,100만 원 초과 1,200만 원 이하

13. 갑, 을, 병은 각각 640원, 760원, 1,100원의 저금을 가지고 있다. 매주 갑이 240원, 을이 300원, 병이 220원씩 더 저축한다고 하면, 갑과 을의 저축액의 합이 병의 저축액의 2배가 되는 것은 몇 주 후인가?

① 6주

② 7주

③ 8주

④ 9주

14. 서원각 구내식당 식권의 가격이 외부인은 2,000원, 내부인은 1,200원이라 할 때, 구입한 총 식권의 수가 14장이고 지불한 금액이 23,200원일 경우 외부인 식권의 최소 구입수량은?

① 6장　　　　　　　　② 8장

③ 10장　　　　　　　④ 12장

15. 다음은 지방섭취량과 혈중 납량의 관계 그래프이다. 이에 대한 설명으로 옳지 않은 것은?

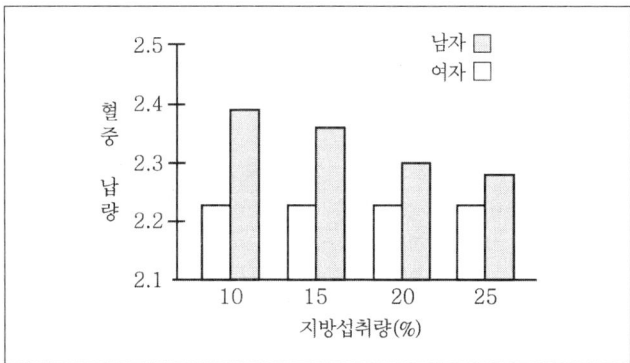

① 지방섭취량과 혈중 납량은 반비례의 관계이다.

② 남자의 경우 적절한 지방섭취는 혈액 중의 납 농도를 감소시킨다.

③ 여자의 경우 지방의 적정 권장량을 먹는 사람(25% 지방섭취량)이 10% 정도로 적게 섭취하는 사람과 혈중 납이 비슷한 결과를 보인다.

④ 남자의 경우 지방의 적정 권장량을 먹는 사람(25% 지방섭취량)이 10% 정도로 적게 섭취하는 사람보다 혈중 납이 줄어드는 결과를 보인다.

16. 지현이는 생활이 어려워 수집했던 고가의 피규어를 인터넷 경매를 통해 판매하려고 한다. 경매 방식과 규칙, 예상 응찰 현황이 다음과 같을 때, 경매 결과를 바르게 예측한 것은?

- 경매 방식 : 각 상품은 따로 경매하거나 묶어서 경매
- 경매 규칙
  - 낙찰자 : 최고가로 입찰한 자
  - 낙찰가 : 두 번째로 높은 입찰가
  - 두 상품을 묶어서 경매할 경우 낙찰가의 5%를 할인해 준다.
  - 입찰자는 낙찰가의 총액이 100,000원을 초과할 경우 구매를 포기한다.
- 예상 응찰 현황

입찰자	A 입찰가	B 입찰가	합계
甲	20,000	50,000	70,000
乙	30,000	40,000	70,000
丙	40,000	70,000	110,000
丁	50,000	30,000	80,000
戊	90,000	10,000	100,000
己	40,000	80,000	120,000
庚	10,000	20,000	30,000
辛	30,000	10,000	40,000

① 두 상품을 묶어서 경매한다면 낙찰자는 己이다.

② 경매 방식에 상관없이 지현이의 예상 수입은 동일하다.

③ 두 상품을 따로 경매한다면 얻는 수입은 120,000원이다.

④ 두 상품을 따로 경매한다면 A의 낙찰자는 丁이다.

17. 다음에 제시된 명제들이 모두 참일 경우, 이 조건들에 따라 내릴 수 있는 결론으로 적절한 것은?

> a. 인사팀을 좋아하지 않는 사람은 생산팀을 좋아한다.
> b. 기술팀을 좋아하지 않는 사람은 홍보팀을 좋아하지 않는다.
> c. 인사팀을 좋아하는 사람은 비서실을 좋아하지 않는다.
> d. 비서실을 좋아하지 않는 사람은 홍보팀을 좋아한다.

① 홍보팀을 싫어하는 사람은 인사팀을 좋아한다.
② 비서실을 싫어하는 사람은 생산팀도 싫어한다.
③ 기술팀을 싫어하는 사람은 생산팀도 싫어한다.
④ 생산팀을 좋아하지 않는 사람은 기술팀을 좋아한다.

18. 다음과 같은 상황 하에서 'so what?' 기법을 활용한 논리적인 사고로 가장 바람직한 사고 행위는 어느 것인가?

> • 청년 실업률이 사상 최고를 경신했다.
> • 중소기업에서는 구인난이 갈수록 심각해지고 있다.
> • 광공업지수가 하락하기 시작했고 기업들의 생산성 지표도 증가세가 주춤하고 있다.

① 군 복무를 희망하는 청년들이 순서를 기다리며 밀려 있다.
② 취업지원 프로그램의 문제점을 점검하여 재정비에 나서야 한다.
③ 외국인근로자들을 필요로 하는 사업주들이 늘고 있다.
④ 기업에서는 비정규직의 정규직 전환이 계획보다 더디게 진행된다.

19. 다음 글의 내용이 참일 때 반드시 참이라고 할 수 없는 것은?

> • 철이는 영이를 좋아하거나 돌이는 영이를 좋아하거나 석이가 영이를 좋아한다.
> • 물론 철이, 돌이, 석이가 동시에 영이를 좋아할 수도 있고, 그들 중 어느 두 사람이 영이를 좋아할 수도 있다.
> • 다시 말해서 철이, 돌이, 석이 중 적어도 한 사람은 영이를 좋아한다.
> • 그런데 철이가 영이를 좋아한다면 영이는 건강한 여성임이 분명하다.
> • 그리고 돌이가 좋아하는 사람은 모두 능력이 있는 사람이다.
> • 영이가 원만한 성격의 소유자인 경우에만 석이는 영이를 좋아한다.

① 영이는 건강한 여성이거나 능력이 있거나 또는 원만한 성격의 소유자이다.
② 철이와 석이 둘 다 영이를 좋아하지 않는다면, 영이는 능력이 있는 사람이다.
③ 영이가 건강한 여성이 아니라면, 돌이는 영이를 좋아하거나 석이가 영이를 좋아한다.
④ 영이가 원만한 성격의 소유자라면, 철이와 돌이 둘 모두 영이를 좋아하지 않는다.

20. 영식이는 자신의 업무에 필요하다고 생각하여 국제인재개발원에서 수강할 과목을 선택하려고 한다. 영식이가 선택할 과목에 대해 주변의 지인 A ~ E가 다음과 같이 진술하였는데 이 중 한 사람의 진술은 거짓이고 나머지 사람들의 진술은 모두 참인 것으로 밝혀졌다. 영식이가 반드시 수강할 과목만으로 바르게 짝지어진 것은?

> • A : 영어를 수강할 경우 중국어도 수강한다.
> • B : 영어를 수강하지 않을 경우, 일본어도 수강하지 않는다.
> • C : 영어와 중국어 중 적어도 하나를 수강한다.
> • D : 일본어를 수강할 경우에만 중국어를 수강한다.
> • E : 일본어를 수강하지만 영어는 수강하지 않는다.

① 일본어
② 영어
③ 일본어, 중국어
④ 일본어, 영어

21. 갑, 을, 병, 정, 무 다섯 사람은 일요일부터 목요일까지 5일 동안 각각 이틀 이상 아르바이트를 한다. 다음 조건을 모두 충족시켜야 할 때, 다음 중 항상 옳지 않은 것은?

> ㉠ 가장 적은 수가 아르바이트를 하는 요일은 수요일뿐이다.
> ㉡ 갑은 3일 이상 아르바이트를 하는데 병이 아르바이트를 하는 날에는 쉰다.
> ㉢ 을과 정 두 사람만이 아르바이트 일수가 같다.
> ㉣ 병은 평일에만 아르바이트를 하며, 연속으로 이틀 동안만 한다.
> ㉤ 무는 항상 갑이나 병과 같은 요일에 함께 아르바이트를 한다.

① 어느 요일이든 아르바이트 인원수는 확정된다.
② 갑과 을, 병과 정의 아르바이트 일수를 합한 값은 같다.
③ 두 사람만이 아르바이트를 하는 요일이 확정된다.
④ 어떤 요일이든 아르바이트를 하는 인원수는 짝수이다.

22. 동건, 우성, 인성은 임의의 순서로 빨간색·파란색·노란색 지붕을 가진 집에 나란히 이웃하여 살고 있으며, 개·고양이·도마뱀이라는 서로 다른 애완동물을 기르며, 광부·농부·의사라는 서로 다른 직업을 갖고 있다. 알려진 정보가 다음과 같을 때 반드시 참이라고 할 수 없는 내용을 〈보기〉에서 모두 고른 것은?

> ㈎ 인성은 광부이다.
> ㈏ 가운데 집에 사는 사람은 개를 키우지 않는다.
> ㈐ 농부와 의사의 집은 서로 이웃해 있지 않다.
> ㈑ 노란 지붕 집은 의사의 집과 이웃해 있다.
> ㈒ 파란 지붕 집에 사람은 고양이를 키운다.
> ㈓ 우성은 빨간 지붕 집에 산다.

> 〈보기〉
> ㉠ 동건은 빨간 지붕 집에 살지 않고, 우성은 개를 키우지 않는다.
> ㉡ 노란 지붕 집에 사는 사람은 도마뱀을 키우지 않는다.
> ㉢ 동건은 파란 지붕 집에 살거나, 우성은 고양이를 키운다.
> ㉣ 동건은 개를 키우지 않는다.
> ㉤ 우성은 농부다.

① ㉠㉡   ② ㉡㉢
③ ㉢㉣   ④ ㉠㉡㉤

23. 다음은 문제를 처리하기 위한 단계별 방법을 나열한 것이다. 올바른 문제처리 절차에 따라 ㈎~㈒의 순서를 알맞게 나열한 것은?

> ㈎ 핵심문제에 대한 분석을 통해 근본 원인을 파악한다.
> ㈏ 선정된 문제를 분석하여 해결해야 할 것이 무엇인지 명확히 결정한다.
> ㈐ 해결할 문제 전체를 파악하여 우선순위를 정하고, 선정문제에 대한 목표를 명확히 한다.
> ㈑ 당초 장애가 되었던 문제의 원인을 해결안을 사용하여 제거한다.
> ㈒ 문제로부터 도출된 근본 원인을 효과적으로 해결할 수 있는 최적의 해결방안을 수립한다.

① ㈐ – ㈎ – ㈏ – ㈒ – ㈑
② ㈐ – ㈏ – ㈎ – ㈒ – ㈑
③ ㈑ – ㈒ – ㈏ – ㈐ – ㈎
④ ㈑ – ㈐ – ㈎ – ㈏ – ㈒

24. 다음의 조건이 모두 참일 때, 반드시 참인 것을 고르시오.

> • 책 읽는 것을 좋아하는 사람은 집중력이 높다.
> • 성적이 좋지 않은 사람은 집중력이 높지 않다.
> • 미경이는 1학년 5반이다.
> • 1학년 5반의 어떤 학생은 책 읽는 것을 좋아한다.

① 미경이는 책 읽는 것을 좋아한다.
② 미경이는 집중력이 높지 않다.
③ 1학년 5반의 어떤 학생은 집중력이 높다.
④ 1학년 5반의 모든 학생은 성적이 좋다.

25. 다음 기사의 내용을 읽고 밑줄 친 부분과의 연관성이 가장 높은 설명을 고르면?

> 경북 포항시에 본사를 둔 대기환경관리 전문업체 ㈜에어릭스는 직원들의 업무능력을 배양하고 유기적인 조직운영을 위해 '직무순환제'를 실시하고 있다. 에어릭스의 직무순환제는 대기환경설비의 생산, 정비, 설계, 영업 파트에 속한 직원들이 일정 기간 해당 업무를 익힌 후 다른 부서로 이동해 또 다른 업무를 직접 경험해볼 수 있도록 하는 제도다. 직무순환제를 통해 젊은 직원들은 다양한 업무를 거치면서 개개인의 역량을 쌓을 수 있을 뿐 아니라 풍부한 현장 경험을 축적한다. 특히 대기환경설비 등 플랜트 사업은 설계, 구매·조달, 시공 등 모든 파트의 유기적인 운영이 중요하다. 에어릭스의 경우에도 현장에서 실시하는 환경진단과 설비 운영 및 정비 등의 경험을 쌓은 직원이 효율적으로 집진기를 설계하며 생생한 현장 노하우가 영업에서의 성과로 이어진다. 또한 직무순환제를 통해 다른 부서의 업무를 실질적으로 이해함으로써 각 부서 간 활발한 소통과 협업을 이루고 있다.

① 직무순환의 실시로 인해 직무에 대한 전문화의 수준이 상당히 증대된다.

② 직무순환을 실시함으로써 구성원들의 노동에 대한 싫증 및 소외감을 많이 느끼게 될 수 있다.

③ 직무순환을 실시할 경우 구성원 자신이 조직의 구성원으로써 가치 있는 존재로 인식을 하게끔 하는 역할을 수행한다.

④ 구성원들을 승진을 시키기 전 단계에서 하나의 단계적인 교육훈련방법으로 파악하기 어렵다.

26. 다음 글에 나타난 집단에 관한 설명으로 옳지 않은 것은?

> • ○○ 집단은 정서적인 뜻에서의 친밀한 인간관계를 겨누어 사람들의 역할관계가 개인의 특성에 따라 자연적이고 비형식적으로 분화되어 있는 집단을 말한다.
>
> • ○○ 집단은 호손 실험에 의하여 '제1차 집단의 재발견'으로 평가되었으며, 그 특질은 자연발생적이며 심리집단적이고 결합 자체를 목적으로 하여 감정의 논리에 따라 유동적·비제도적으로 행동하는 데 있다.
>
> • 관료적인 거대조직에 있어서 인간회복의 수단으로 ○○ 집단을 유효하게 이용하여 관료제의 폐단을 완화하려는 발상이 생겨났는데, 이를 인간관계적 어프로치라고 한다.

① 조직에서 오는 소외감을 감소시켜 준다.

② 조직에서 의식적으로 만든 집단으로 집단의 목표, 임무가 명확하게 규정되어 있다.

③ 조직구성원들의 요구에 따라 자발적으로 형성된 집단이다.

④ 조직구성원들의 사기(morale)와 생산력을 높여 준다.

27. 조직이 유연하고 자유로운지 아니면 안정이나 통제를 추구하는지, 조직이 내부의 단결이나 통합을 추구하는지 아니면 외부의 환경에 대한 대응성을 추구하는지의 차원에 따라 집단문화, 개발문화, 합리문화, 계층문화로 구분된다. 지문에 주어진 특징을 갖는 조직문화의 유형은?

> 과업지향적인 문화로, 결과지향적인 조직으로써의 업무의 완수를 강조한다. 조직의 목표를 명확하게 설정하여 합리적으로 달성하고, 주어진 과업을 효과적이고 효율적으로 수행하기 위하여 실적을 중시하고, 직무에 몰입하며, 미래를 위한 계획을 수립하는 것을 강조한다. 합리문화는 조직구성원 간의 경쟁을 유도하는 문화이기 때문에 때로는 지나친 성과를 강조하게 되어 조직에 대한 조직구성원들의 방어적인 태도와 개인주의적인 성향을 드러내는 경향을 보인다.

① 집단문화　　　　② 개발문화
③ 합리문화　　　　④ 계층문화

28. A 대기업 경영전략팀은 기업의 새로운 도약을 위하여 2017 1차 경영토론회를 주최 하였다. 다음 중 토론자들의 경영시장 종류에 대한 발언으로 옳지 않은 것은?

① 블루오션은 아직 우리가 모르고 있는 가능성의 시장 공간이라 할 수 있습니다.
② 블루오션은 기존 산업의 경계선 바깥에서 새롭게 창출되는 시장을 말합니다.
③ 레드오션은 산업 간 경계선이 명확하게 그어져 있습니다.
④ 블루오션은 경쟁을 목표로 하고 존재하는 소비자와 현존하는 시장에 초점을 맞췄습니다.

29. 민츠버그는 경영자의 역할을 대인적, 정보적, 의사결정적 역할으로 구분하였다. 다음에 주어진 경영자의 역할을 올바르게 묶은 것은?

> ㉠ 조직의 대표자　　㉡ 변화전달
> ㉢ 정보전달자　　　　㉣ 조직의 리더
> ㉤ 문제 조정　　　　㉥ 외부환경 모니터
> ㉦ 대외적 협상 주도　㉧ 상징자, 지도자
> ㉨ 분쟁조정자, 자원배분자　㉩ 협상가

	대인적 역할	정보적 역할	의사결정적 역할
①	㉠㉢㉥	㉡㉣㉦㉧	㉤㉨㉩
②	㉡㉤㉧	㉠㉢㉨	㉣㉥㉦㉩
③	㉠㉢㉣	㉡㉥㉦	㉤㉨㉩
④	㉠㉣㉧	㉡㉢㉥	㉤㉦㉨㉩

┃30~31┃ 다음 결재규정을 보고 주어진 상황에 알맞게 작성된 양식을 고르시오.

> 〈결재규정〉
> • 결재를 받으려면 업무에 대해서는 최고결재권자(대표이사)를 포함한 이하 직책자의 결재를 받아야 한다.
> • '전결'이라 함은 회사의 경영활동이나 관리활동을 수행함에 있어 의사결정이나 판단을 요하는 일에 대하여 최고결재권자의 결재를 생략하고, 자신의 책임 하에 최종적으로 의사결정이나 판단을 하는 행위를 말한다.
> • 전결사항에 대해서도 위임 받은 자를 포함한 이하 직책자의 결재를 받아야 한다.
> • 표시내용 : 결재를 올리는 자는 최고결재권자로부터 전결사항을 위임 받은 자가 있는 경우 결재란에 전결이라고 표시하고 최종 결재권자에 위임 받은 자를 표시한다. 다만, 결재가 불필요한 직책자의 결재란은 상황대각선으로 표시한다.
> • 최고결재권자의 결재사항 및 최고결재권자로부터 위임된 전결사항은 다음의 표에 따른다.

구분	내용	금액기준	결재서류	팀장	본부장	대표이사
접대비	거래처 식대, 경조사비 등	20만 원 이하	접대비지출품의서 지출결의서	●■		
		30만 원 이하			●■	
		30만 원 초과				●■
교통비	국내 출장비	30만 원 이하	출장계획서 출장비신청서	●■		
		50만 원 이하		●	■	
		50만 원 초과		●		■
	해외 출장비			●		■
소모품비	사무용품		지출결의서	■		
	문서, 전산소모품					■
	기타 소모품	20만 원 이하		■		
		30만 원 이하			■	
		30만 원 초과				■
교육 훈련비	사내외 교육		기안서 지출결의서	●		■
법인카드	법인카드 사용	50만 원 이하	법인카드신청서	■		
		100만 원 이하			■	
		100만 원 초과				■

● : 기안서, 출장계획서, 접대비지출품의서

■ : 지출결의서, 세금계산서, 발행요청서, 각종 신청서

30. 영업부 사원 L씨는 편집부 K씨의 부친상에 부조금 50만 원을 회사 명의로 지급하기로 하였다. L씨가 작성한 결재 방식은?

①

접대비지출품의서				
결재	담당	팀장	본부장	최종 결재
	L	╱	╱	팀장

②

접대비지출품의서				
결재	담당	팀장	본부장	최종 결재
	L	╱	전결	본부장

③

지출결의서				
결재	담당	팀장	본부장	최종 결재
	L	전결	╱	대표이사

④

지출결의서				
결재	담당	팀장	본부장	최종 결재
	L			대표이사

31. 영업부 사원 I씨는 거래업체 직원들과 저녁 식사를 위해 270,000원을 지불하였다. I씨가 작성해야 하는 결재 방식으로 옳은 것은?

①

접대비지출품의서			
결재	담당	팀장	본부장	최종 결재
	I			전결

②

접대비지출품의서			
결재	담당	팀장	본부장	최종 결재
	I	전결		본부장

③

지출결의서			
결재	담당	팀장	본부장	최종 결재
	I	전결		본부장

④

접대비지출품의서			
결재	담당	팀장	본부장	최종 결재
	I		전결	본부장

32. 다음과 같은 팀장의 지시를 받은 오 대리가 업무를 처리하기 위해 들러야 하는 조직의 명칭이 순서대로 올바르게 나열된 것은?

"오 대리, 갑자기 본부장님의 급한 지시 사항을 처리해야 하는데, 나 좀 도와줄 수 있겠나? 어제 사장님께 보고 드릴 자료를 완성했는데, 자네가 혹시 오류나 수정 사항이 있는지를 좀 확인해 주고 남 비서에게 전달을 좀 해 주게. 그리고 모레 있을 바이어 미팅은 대형 계약 성사를 위해 매우 중요한 일이 될 테니 계약서 초안 검토 작업이 어느 정도 되고 있는지도 한 번 알아봐 주게. 오는 길에 바이어 픽업 관련 배차 현황도 다시 한 번 확인해 주고, 다음 주 선적해야 할 물량 통관 작업에는 문제없는 지 확인해서 박 과장에게 알려줘야 하네. 실수 없도록 잘 좀 부탁하네."

① 총무팀, 회계팀, 인사팀, 법무팀
② 자금팀, 기획팀, 인사팀, 회계팀
③ 기획팀, 총무팀, 홍보팀, 물류팀
④ 비서실, 법무팀, 총무팀, 물류팀

33. 중국은 아시아 동부에 있는 국가로써, BC 221년 진(秦)나라의 시황제(始皇帝)가 처음으로 통일을 이루었다. 또한 중국 최후의 통일왕조인 청(淸)나라에 이어 중화민국이 세워졌고, 국민당의 국민정부가 들어섰다. 이후 1949년 공산당이 중화인민공화국을 세운 굴곡진 역사가 많은 국가인데 다음 중 중국의 에티켓으로 옳지 않은 항목을 모두 고른 것은?

㉠ 찻잔은 가득 채워야 한다.
㉡ 식사 중에 생선을 뒤집어 발라먹지 말아야 한다.
㉢ 회전 테이블은 시계 방향으로 돌리되 상석부터 돌리는 것이 예의이다.
㉣ 식사 중일 시에는 젓가락을 접시 끝에 받쳐놓고 식사를 마쳤을 때는 젓가락 받침대 위에 올려둔다.
㉤ 음식이 바뀔 때마다 새로운 접시로 바뀌기 때문에 먹을 만큼만 덜어서 먹고 음식이 앞 접시에 남지 않게 해야 한다.

① ㉠
② ㉠, ㉢
③ ㉡, ㉣
④ ㉢, ㉤

34. 모바일 중견회사 감사 부서에서 생산 팀에서 생산성 10% 하락, 팀원들 간의 적대감이나 잦은 갈등, 비효율적인 회의 등의 문제점을 발견하였다. 이를 해결하기 위한 방안으로 가장 적절한 것을 고르시오.

① 아이디어가 넘치는 환경 조성을 위해 많은 양의 아이디어를 요구한다.

② 어느 정도 시간이 필요하므로 갈등을 방치한다.

③ 동료의 행동과 수행에 대한 피드백을 감소시킨다.

④ 의견 불일치가 발생할 경우 생산팀장은 제3자로 개입하여 중재한다.

35. 기업 인사팀에서 근무하면서 2021 상반기 신입사원 워크숍 교육 자료를 만들게 되었다. 워크숍 교육 자료에서 팀워크 활성 방안으로 적절하지 않은 것은?

① 아이디어의 질을 따지기보다 아이디어를 제안하도록 장려한다.

② 양질 의사결정을 내리기 위해 단편적 질문을 고려한다.

③ 의사결정을 내릴 때는 팀원들의 의견을 듣는다.

④ 각종 정보와 정보의 소스를 획득할 수 있다.

36. 다음 중 동기부여 방법으로 옳지 않은 것은?

① 긍정적 강화법을 활용한다.

② 새로운 도전의 기회를 부여한다.

③ 몇 가지 코칭을 한다.

④ 일정기간 교육을 실시한다.

37. 다음 두 사례를 읽고 하나가 가지고 있는 임파워먼트의 장애요인으로 옳은 것은?

〈사례1〉
○○그룹에 다니는 민대리는 이번에 새로 입사한 신입직원 하나에게 최근 3년 동안의 매출 실적을 정리해서 올려달라고 부탁하였다. 더불어 기존 거래처에 대한 DB를 새로 업데이트하고 회계팀으로부터 전달받은 통계자료를 토대로 새로운 마케팅 보고서를 작성하라고 지시하였다. 하지만 하나는 일에 대한 열의는 전혀 없이 그저 맹목적으로 지시받은 업무만 수행하였다. 민대리는 그녀가 왜 업무에 열의를 보이지 않는지, 새로운 마케팅 사업에 대한 아이디어를 내놓지 못하는지 의아해 했다.

〈사례2〉
ㅁㅁ기업에 다니는 박대리는 이번에 새로 입사한 신입직원 희진에게 최근 3년 동안의 매출 실적을 정리해서 올려달라고 부탁하였다. 더불어 기존 거래처에 대한 DB를 새로 업데이트하고 회계팀으로부터 전달받은 통계자료를 토대로 새로운 마케팅 보고서를 작성하라고 지시하였다. 희진은 지시받은 업무를 확실하게 수행했지만 일에 대한 열의는 전혀 없었다. 이에 박대리는 그녀와 함께 실적자료와 통계자료들을 살피며 앞으로의 판매 향상에 도움이 될 만한 새로운 아이디어를 생각하여 마케팅 계획을 세우도록 조언하였다. 그제야 희진은 자신에게 주어진 프로젝트에 대해 막중한 책임감을 느끼고 자신의 판단에 따라 효과적인 해결책을 만들었다.

① 책임감 부족

② 갈등처리 능력 부족

③ 경험 부족

④ 제한된 정책과 절차

38. 다음 중 '팀원들의 강점을 잘 활용하여 팀 목표를 달성하는 효과적인 팀'의 핵심적인 특징으로 적절하지 않은 것을 모두 고르면?

가. 팀의 사명과 목표를 명확하게 기술한다.
나. 창조적으로 운영된다.
다. 결과보다 과정과 방법에 초점을 맞춘다.
라. 역할과 책임을 명료화시킨다.
마. 개인의 강점을 활용하기보다 짜인 시스템을 활용한다.
바. 팀원 간에 멤버십 역할을 공유한다.
사. 의견의 불일치를 건설적으로 해결한다.
아. 의사소통에 있어 보안유지를 철저히 준수한다.
자. 객관적인 결정을 내린다.

① 다, 마, 바, 아
② 마, 자
③ 다, 사, 아, 자
④ 마, 바, 아, 자

39. 다음은 고객 불만 처리 프로세스이다. 빈칸에 들어갈 내용을 순서대로 나열한 것은?

경청 → 감사와 공감표시 → ( ) → 해결약속 → ( ) → 신속처리 → 처리확인과 사과 → ( )

① 정보파악, 사과, 피드백
② 정보파악, 피드백, 사과
③ 사과, 정보파악, 피드백
④ 사과, 피드백, 정보파악

40. 직장생활을 하다보면 조직원들 사이에 갈등이 존재할 수 있다. 이러한 갈등은 서로 불일치하는 규범, 이해, 목표 등이 충돌하는 상태를 의미한다. 다음 중 갈등을 확인할 수 있는 단서로 볼 수 없는 것은?

① 지나치게 논리적으로 논평과 제안을 하는 태도
② 타인의 의견발표가 끝나기도 전에 타인의 의견에 대해 공격하는 태도
③ 핵심을 이해하지 않고 무조건 상대를 비난하는 태도
④ 무조건 편을 가르고 타협하기를 거부하는 태도

NCS 직업기초능력평가 답안지

성명

번호					번호				
1	①	②	③	④	21	①	②	③	④
2	①	②	③	④	22	①	②	③	④
3	①	②	③	④	23	①	②	③	④
4	①	②	③	④	24	①	②	③	④
5	①	②	③	④	25	①	②	③	④
6	①	②	③	④	26	①	②	③	④
7	①	②	③	④	27	①	②	③	④
8	①	②	③	④	28	①	②	③	④
9	①	②	③	④	29	①	②	③	④
10	①	②	③	④	30	①	②	③	④
11	①	②	③	④	31	①	②	③	④
12	①	②	③	④	32	①	②	③	④
13	①	②	③	④	33	①	②	③	④
14	①	②	③	④	34	①	②	③	④
15	①	②	③	④	35	①	②	③	④
16	①	②	③	④	36	①	②	③	④
17	①	②	③	④	37	①	②	③	④
18	①	②	③	④	38	①	②	③	④
19	①	②	③	④	39	①	②	③	④
20	①	②	③	④	40	①	②	③	④

수 험 번 호

⓪	⓪	⓪	⓪	⓪	⓪	⓪	⓪
①	①	①	①	①	①	①	①
②	②	②	②	②	②	②	②
③	③	③	③	③	③	③	③
④	④	④	④	④	④	④	④
⑤	⑤	⑤	⑤	⑤	⑤	⑤	⑤
⑥	⑥	⑥	⑥	⑥	⑥	⑥	⑥
⑦	⑦	⑦	⑦	⑦	⑦	⑦	⑦
⑧	⑧	⑧	⑧	⑧	⑧	⑧	⑧
⑨	⑨	⑨	⑨	⑨	⑨	⑨	⑨

MC새마을금고

일반직 6급 필기전형

- 정답 및 해설 -

1 ④

④ '눈을 감고'는 눈꺼풀을 내려 눈동자를 덮는 것을 의미한다. 단어의 본래의 의미가 사용되었으므로 관용적 표현이 아니다.

2 ③

첫머리가 되는 문장은 ㉣이며, ㉣에 대한 내용은 ㉠이다. 그 다음에 필요한 내용은 ㉡이고 마지막 문장은 ㉢이다.

3 ④

취하다 … 어떤 일에 대한 방책으로 어떤 행동을 하거나 일정한 태도를 가지다.
① 일정한 조건에 맞는 것을 골라 가지다.
② 남에게서 돈이나 물품 따위를 꾸거나 빌리다.
③ 자기 것으로 만들어 가지다.

4 ②

일제강점기 우리나라 농촌은 일본의 식량 보급을 위한 목적으로 일제의 영향이 크게 미친 곳 중 한 곳이다. 따라서 우리나라 지식인들은 무지한 농민들을 계몽시키고자 여러 방면으로 농촌계몽운동을 전개하였다. 그리고 많은 독립운동가들은 그나마 일제의 영향이 크게 미치지 못한 만주나 중국을 중심으로 독립운동을 준비하였다.

5 ①

① 丈夫出家生不還 : 장부가 집을 나가 살아서 돌아오지 않겠다.
② 男兒一言重千金 : 남자의 한 마디는 천금과 같이 무겁다.
③ 一日不讀書口中生荊棘 : 하루라도 책을 읽지 않으면 입 안에 가시가 돋친다.
④ 丈夫雖死心如鐵義士臨危氣似雲 : 장부는 비록 죽더라도 마음은 쇠와 같으며 의사는 위태로움에 임하더라도 기운은 구름과 같다.

6 ②

위 글은 윤봉길 의사에 대한 이야기로 심훈의 「상록수」를 언급한 ㉡은 위 글과 어울리지 않는다.

7 ②

② 과학은 두 가지 얼굴이 있는데, 어떤 '특정한' 얼굴을 하고 있지 않다고 하므로, 과학의 얼굴은 우리가 만들어 간다는 결론이 오는 것이 적절하다.

8 ①

제시문은 민담에서 등장인물의 성격이 어떤 방식으로 나타나는 지에 대해 언급하고 있다. ㉠은 민담에서 과거 사건이 드러나는 방법에 대한 내용으로 다른 문장과의 연관성이 떨어진다.

9 ①

분자에는 1이 계속 더해지고 있고, 분모에는 3의 배수가 더해지고 있다.

10 ③

수빈이가 하루 일하는 양 : $\dfrac{1}{16}$

혜림이가 하루 일하는 양 : $\dfrac{1}{12}$

전체 일의 양을 1로 놓고 같이 일을 한 일을 x라 하면

$\dfrac{3}{16}+\left(\dfrac{1}{16}+\dfrac{1}{12}\right)x+\dfrac{1}{12}=1$

$\dfrac{13+7x}{48}=1$

$\therefore\ x=5$일

11 ①

정가를 구하지 않아도 정가보다 1,000원 적은 가격으로 50개를 판매했으므로 50,000원의 손해를 입었음을 알 수 있다.

12 ②

조건 ㈎에서 R석의 티켓의 수를 a, S석의 티켓의 수를 b, A석의 티켓의 수를 c라 놓으면

$a+b+c=1,500$ …… ㉠

조건 ㈏에서 R석, S석, A석 티켓의 가격은 각각 10만 원, 5만 원, 2만 원이므로

$10a+5b+2c=6,000$ …… ㉡

A석의 티켓의 수는 R석과 S석 티켓의 수의 합과 같으므로

$a+b=c$ …… ㉢

세 방정식 ㉠, ㉡, ㉢을 연립하여 풀면

㉠, ㉢에서 $2c=1,500$이므로 $c=750$

㉠, ㉡에서 연립방정식

$\begin{cases} a+b=750 \\ 2a+b=900 \end{cases}$

을 풀면 $a=150$, $b=600$이다.

따라서 구하는 S석의 티켓의 수는 600장이다.

13 ④

ⓒ 2025년 여성 평균 임금이 남성 평균 임금의 60%이므로 남성 평균 임금은 여성 평균 임금의 2배가 되지 않는다.

ⓔ 고졸 평균 임금 대비 중졸 평균 임금의 값과 고졸 평균 임금 대비 대졸 평균 임금의 값 간의 차이는 2023년과 2025년에 0.42로 같다. 하지만 비교의 기준인 고졸 평균 임금이 상승하였으므로 중졸과 대졸 간 평균 임금의 차이는 2023년보다 2025년이 크다.

14 ②

4개의 티셔츠 중에서 2개를 사는 방법은

$\dfrac{4\times3}{2}=6$(가지), 5개의 바지 중에서 2개를 사는 방법은

$\dfrac{5\times4}{2}=10$(가지)이다. 따라서 티셔츠와 바지를 각각 2개씩 사는 방법은 모두 $6\times10=60$(가지)이다.

15 ③

x개월 후부터 누나의 저축액이 동생의 저축액보다 많아진다고 하면

$12,500+,2500x>20,000+1,500x$

$1,000x>7,500$

$x>\dfrac{15}{2}$

따라서 8개월 후부터 누나의 저금액이 동생의 저금액보다 많아진다.

16 ③

불량률

	A출판사	B출판사	C출판사
국어교재	10%	4.8%	5.3%
수학교재	6.3%	5.3%	7.1%
영어교재	7.7%	6.3%	5.6%

① 수학교재의 불량률은 C출판사가 가장 높다.
② 국어교재의 불량률은 A출판사가 C출판사의 2배 이하이다.
④ 영어교재의 불량률은 C출판사가 가장 낮다.

17 ②

㉠과 ㉢, ㉣에 의해 E > B > A > C이다.
㉡에서 D는 C보다 나이가 적으므로 E > B > A > C > D이다.

18 ④

다음 표에서 알 수 있듯이 4명과 6명의 최소공배수인 12일까지 아래와 같은 조를 이루어 당직 근무를 서고 13일째부터는 다시 처음부터 같은 조가 반복되게 된다. 따라서 '정 - C'는 함께 근무를 설 수 없는 직원의 조합이 된다.

	A	B	C	D
갑	1		7	
을		2		8
병	9		3	
정		10	✕	4
무	5		11	
기		6		12

19 ①

주어진 규정에 따를 경우 甲이 납부해야 하는 금액은 4억 1천만 원이다. 甲이 4억 원만을 납부했으므로 나머지 1천만 원에 대한 가산금을 계산하면 된다. 1천만 원의 100분의 3은 30만 원이다.

20 ④

3C 분석에서 사업 환경을 구성하고 있는 요소인 자사(Company), 경쟁사(Competitor), 고객을 3C(Customer)라고 한다. 3C 분석에서 고객 분석에서는 '고객은 자사의 상품·서비스에 만족하고 있는지'를, 자사 분석에서는 '자사가 세운 달성목표와 현상 간에 차이가 없는지'를 경쟁사 분석에서는 '경쟁 기업의 우수한 점과 자사의 현상과 차이가 없는지'에 대한 질문을 통해서 환경을 분석하게 된다.

21 ④

가위바위보를 해서 모두 이기면 $30 \times 5 = 150$점이 된다.
여기서 한 번 비기면 총점에서 4점이 줄고, 한 번 지면 총점에서 6점이 줄어든다.
만약 29번 이기고 1번 지게 되면
$(29 \times 5) + (-1) = 144$점이 된다.
즉, 150점에서 −6, 또는 −4를 통해서 나올 수 있는 점수를 가진 사람만이 참말을 하는 것이다.
정의 점수 140점은 1번 지고, 1번 비길 경우 나올 수 있다.
$(28 \times 5) + 1 - 1 = 140$

22 ①

㉡ (개의 경우 매년 물가가 5% 상승하면 두 번째 해부터 구매력은 점차 감소한다.
㉣ 금융 기관에서는 단리 뿐 아니라 복리 이자율이 적용되는 상품 또한 판매하고 있다.

23 ①

은지는 영어, 주화는 국어, 민경이는 수학을 선택했다.

24 ③

팀에 들어갈 수 있는 남자 직원 수는 1~4명(첫 번째 조건), 여자 직원 수는 0~2명(두 번째 조건)이 되는데, 4명으로 구성되어야 하는 팀이므로 가능한 조합은 '남자 2명-여자 2명', '남자 3명-여자 1명', '남자 4명-여자 0'명이다. 세 번째 조건과 다섯 번째 조건에 의해 '세현 or 승훈 → 준원 & 진아 → 보라'가 되어, '세현'이나 '승훈'이 팀에 들어가게 되면, '준원-진아-보라'도 함께 들어간다. 따라서, 남자 직원 수를 3명 이상 선발하면 세현 혹은 승훈이 포함되게 되어 여자 직원 수가 1명 혹은 0명이 될 수 없으므로 가능한 조합은 '남자 2명-여자 2명'이고, 모든 조건에 적합한 조합은 '세현-준원-진아-보라' 혹은 '승훈-준원-진아-보라'이다.

25 ③

경영전략 추진과정은 전략목표 설정→환경분석→경영전략 도출→경영전략 실행→평가 및 피드백 순이다.

26 ②

브레인스토밍 기법은 아이디어의 질보다 양에 초점을 맞춘 것으로서 집단 구성원들은 즉각적으로 생각나는 아이디어를 제시할 수 있으며, 그로 인해 브레인스토밍은 다량의 아이디어를 도출해낼 수 있다. 또한, 구성원들은 자신이 가지고 있던 기존 아이디어를 개선해 더욱 더 발전된 형태의 아이디어를 창출할 수 있는데, 이는 다른 사람의 의견을 참고해서 창의적으로 조합할 수 있기 때문이다.

27 ③

이미 성공적인 마케팅으로 높은 인지도(강점)를 더욱 강화하여 다른 경쟁자들(위협)을 방어하는 것은 적절한 ST 전략이라고 할 수 있다.

28 ④

높은 가격이라는 약점을 유통 마진 감소를 통한 가격 인하로 보완하고 이를 통해 국내 경쟁기업들의 위협 속에서 경쟁력을 확보하려는 전략은 적절한 WT 전략이라 할 수 있다.

29 ②

② 조직변화 중 전략이나 구조의 변화는 조직의 구조나 경영방식을 개선하기도 한다.

30 ④

④ 매일 신문의 국제면을 읽는다.

※ 국제동향 파악 방법
  ㉠ 관련 분야 해외 사이트를 방문하여 최신 이슈를 확인한다.
  ㉡ 매일 신문의 국제면을 읽는다.
  ㉢ 업무와 관련된 국제잡지를 정기 구독한다.
  ㉣ 노동부, 한국산업인력공단, 산업자원부, 중소기업청, 상공회의소, 산업별인적자원개발협의체 등의 사이트를 방문해 국제동향을 확인한다.
  ㉤ 국제학술대회에 참석한다.
  ㉥ 업무와 관련된 주요 용어의 외국어를 알아둔다.
  ㉦ 해외 서점 사이트를 방문해 최신 서적 목록과 주요 내용을 파악한다.
  ㉧ 외국인 친구를 사귀고 대화를 자주 나눈다.

31 ③

③은 회의에서 알 수 있는 내용이다.
① 서비스팀은 주문폭주 일주일 동안 포장된 제품을 전격 회수와 제품을 구매한 고객에 사과문 발송 및 100% 환불 보상을 공지한다.
② 주문량이 증가한 날짜는 회의록만으로 알 수 없다.
④ 서비스팀에서 제품을 전격 회수하고, 개발팀에서 유해성분을 조사하기로 했다.

32 ②

조직문화는 조직의 방향을 결정하고 존속하게 하는데 중요한 요인이지만, 개성 있고 강한 조직 문화는 다양한 조직 구성원들의 의견을 받아들일 수 없거나, 조직이 변화해야 할 시기에 장애요인으로 작용하기도 한다.

33 ③

밑줄 친 부분은 "B 혜택(Benefits)"을 가시화시켜 설명하는 단계로 제시하는 이익이 고객에게 반영되는 경우 실제적으로 발생할 상황을 공감시키는 과정이다. 지문에서는 "가장 소득이 적고 많은 비용이 들어가는 은퇴시기"라고 실제 발생 가능한 상황을 제시하였다. 또한, 이해만으로는 설득이 어렵기 때문에 고객이 그로 인해 어떤 변화를 얻게 되는지를 설명하는데 지문에서는 보험 가입으로 인해 "편안하게 여행을 즐기시고 또한 언제든지 친구들을 만나서 부담 없이 만나"에서 그 내용을 알 수 있으며 이는 만족, 행복에 대한 공감을 하도록 유도하는 과정이다.

34 ②

갈등해결 방법
㉠ 다른 사람들의 입장을 이해한다.
㉡ 사람들이 당황하는 모습을 자세하게 살핀다.
㉢ 어려운 문제는 피하지 말고 맞선다.
㉣ 자신의 의견을 명확하게 밝히고 지속적으로 강화한다.
㉤ 사람들과 눈을 자주 마주친다.
㉥ 마음을 열어놓고 적극적으로 경청한다.
㉦ 타협하려 애쓴다.
㉧ 어느 한쪽으로 치우치지 않는다.
㉨ 논쟁하고 싶은 유혹을 떨쳐낸다.
㉩ 존중하는 자세로 사람들을 대한다.

35 ④

위 사례는 저돌적인 고객의 유형으로 자신의 방법만이 최선이라 생각하고 타인의 피드백은 받아들이려 하지 않는다. 또한 이러한 상황의 경우 직원에게 하는 것이 아닌 회사의 서비스에 대해 항의하는 것이므로 일선 직원의 경우 이를 개인적인 것으로 받아들여 논쟁을 하거나 화를 내는 일이 없어야 하며 상대의 화가 풀릴 때까지 이야기를 경청해야 한다. 또한 부드러운 분위기를 연출하며 정성스럽게 응대해 고객 스스로가 감정을 추스릴 수 있도록 유도해야 한다.

36 ①

팀워크의 촉진 방법
㉠ 동료 피드백 장려하기
㉡ 갈등 해결하기
㉢ 창의력 조성을 위해 협력하기
㉣ 참여적으로 의사결정하기

37 ①

대인관계 향상 방법
㉠ 상대방에 대한 이해심
㉡ 사소한 일에 대한 관심
㉢ 약속의 이행
㉣ 기대의 명확화
㉤ 언행일치
㉥ 진지한 사과

38 ③

제시된 사례에서 甲이 팀워크를 촉진하기 위해 활용한 방법은 팀원들의 동참을 이끌어 내어 의사결정에 참여할 수 있도록 하는 방법이다.

39 ④

대결 국면에서의 핵심 사항은 상대방의 입장에 대한 무비판적인 부정이며, 격화 국면에서는 설득이 전혀 효과를 발휘할 수 없게 된다. 진정 국면으로 접어들어 비로소 협상이라는 대화가 시작되며 험난한 단계를 거쳐 온 갈등은 이때부터 서서히 해결의 실마리가 찾아지게 된다.

40 ②

이 과장은 상대방 측 대표들과 만나서 현재 상황과 이들이 원하는 주장이 무엇인지를 파악한 후 김 실장에게 협상이 가능한 안건을 제시한 것이므로 실질이해 전 단계인 상호이해단계로 볼 수 있다.

※ 협상과정의 5단계
- ㉠ 협상시작 : 협상 당사자들 사이에 친근감을 쌓고, 간접적인 방법으로 협상 의사를 전달하며 상대방의 협상의지를 확인하고 협상 진행을 위한 체계를 결정하는 단계이다.
- ㉡ 상호이해 : 갈등 문제의 진행 상황과 현재의 상황을 점검하고 적극적으로 경청하며 자기주장을 제시한다. 협상을 위한 협상안건을 결정하는 단계이다.
- ㉢ 실질이해 : 겉으로 주장하는 것과 실제로 원하는 것을 구분하여 실제 원하는 것을 찾아내고 분할과 통합기법을 활용하여 이해관계를 분석하는 단계이다.
- ㉣ 해결방안 : 협상 안건마다 대안들을 평가하고 개발한 대안들을 평가하며 최선의 대안에 대해 합의하고 선택한 후 선택한 대안 이행을 위한 실행 계획을 수립하는 단계이다.
- ㉤ 합의문서 : 합의문을 작성하고 합의문의 합의 내용 및 용어 등을 재점검한 후 합의문에 서명하는 단계이다.

1 ③

반어 … 뜻을 강조하기 위하여, 표현하려는 뜻과는 반대되게 하는 말이다.

2 ④

첫 번째 문장에 제약 산업에 관한 글이 제시되었다. 제약 산업에 관한 연결된 글로 ⑭가 적절하다. ⑭에서 제시된 평균이윤율을 ⑭에서 '이 이윤율'이라고 하여 설명하고 있으므로 ⑭ – ⑭의 순서가 된다. ⑭의 '이런 독점'이라는 단어를 통해 ⑭의 독점을 이용한 이윤 창출이라는 말과 연결된다는 것을 알 수 있다. ⑭의 '이를 위해'는 ⑭의 '이런 독점을 이용한 이윤 창출'과 연결되고, ⑰에서는 ⑭의 구체적 사례를 들고 있다.

3 ③

찾다 … 모르는 것을 알아내고 밝혀내려고 애쓰다. 또는 그것을 알아내고 밝혀내다
① 잃거나 빼앗기거나 맡기거나 빌려주었던 것을 돌려받아 가지게 되다.
② 어떤 사람을 만나거나 어떤 곳을 보러 그와 관련된 장소로 옮겨 가다.
④ 자신감, 명예, 긍지 따위를 회복하다.

4 ②

'워프(Whorf) 역시 사피어와 같은 관점에서 언어가 우리의 행동과 사고의 양식을 주조(鑄造)한다고 주장한다'라는 문장을 통해 언어가 우리의 사고를 결정한다는 것을 확인할 수 있다.

5 ④

공간적 분업체계의 형성으로 국가 간의 상호 작용이 촉진되면서 세계 도시 간의 계층 구조가 형성되었으며 이 때문에 지역 불균형이 초래되었다는 내용을 찾으면 된다.

6 ③

⑭는 ⑭의 예시에 덧붙인 새로운 예시이므로 글의 전개상 생략해도 무리가 없다.

7 ④

④ 제시된 글 마지막 부분에 중국인들이 둔하고 더럽다고 할 수 있지만, 끈덕지고 통이 큰 사람이라는 칭찬이 될 수도 있다고 밝히고 있다. 뒤에 이어질 글에서는 이러한 예시를 통해서 주장을 펼쳐나가는 것이 적절하다.

8 ②

내용을 구조적으로 정리하는 방법은 '㉠ 관련 있는 내용끼리 묶는다. → ㉡ 묶은 내용에 적절한 이름을 붙인다. → ㉣ 중복된 내용이나 덜 중요한 내용을 삭제한다. → ㉢ 전체 내용을 이해하기 쉽게 구조화한다.'가 적절하다.

9 ②

처음에 앞의 숫자에 +4, ×4, −4의 수식이 행해지고 그 다음에는 +3, ×3, −3 그 다음은 +2, ×2, −2의 수식이 행해진다.

10 ③

남자가 한 명도 선출되지 않을 확률은 여자만 선출될 확률과 같은 의미이다.

$$\frac{_5C_2}{_{12}C_2} = \frac{5 \times 4}{12 \times 11} = \frac{5}{33}$$

11 ④

지난해 남학생의 수를 x, 여학생의 수를 y라 하면,

$x + y = 230$

$1.15x + 0.94y = 233$

$1.15(230 - y) + 0.94y = 233$

$264.5 - 1.15y + 0.94y = 233$

$0.21y = 31.5$

$\therefore y = 150$

올해 여학생의 수는 $150 - 9 = 141$(명)이다.

12 ④

월 사용시간을 x라 하면

$4,300 + 900x \geq 20,000 \Rightarrow 900x \geq 15,700$

$\Rightarrow x \geq 17.444 \cdots$

따라서 매월 최소 18시간 이상 사용할 때 B회사를 선택하는 것이 유리하다.

13 ④

TV의 원가를 x, 에어컨의 원가를 y라 할 때,

$x - y = 20$만 원

$1.05x + 1.1y = 150$만 원

두 식을 연립하여 풀면 $x = 80$, $y = 60$이다.

㉠ 잘못 계산된 정가

TV : 1.05×80만 $= 84$만 원

에어컨 : 1.1×60만 $= 66$만 원 이므로

TV 15대, 에어컨 10대의 가격은

$84 \times 15 + 66 \times 10 = 1,260 + 660 = 1,920$만 원

㉡ 제대로 계산된 정가

TV : 1.1×80만 $= 88$만 원

에어컨 : 1.05×60만 $= 63$만 원 이므로

TV 15대, 에어컨 10대의 가격은

$88 \times 15 + 63 \times 10 = 1,320 + 630 = 1,950$만 원

$\therefore$ 30만 원 손해

14 ③

누나의 나이를 x, 엄마의 나이를 y라 하면,

$2(10 + x) = y$

$3(x + 3) = y + 3$

두 식을 연립하여 풀면,

$x = 14$(세)

15 ②

$$\frac{x}{1404} \times 100 = 43.1$$

$100x = 60512.4$

$\therefore x = 605$(명)

정답 및 해설

16 ②

- (가), (나)는 각각 834, 755이다.
- ⓒ으로 보아 제주공항은 C이다.
- ⓐ에 적용해보면 (김포공항 여행객+1,820) > 3,076이기에, 김포공항 여행객 > 1,256이다. 따라서 김포공항은 A이다.
- ⓑ으로 보아 김해공항의 여행객은 ≥ 774이기 때문에 김해공항은 B이다.
- ⓓ로 보아 대구공항은 E이다.
- 마지막으로 남은 D는 청주공항이 된다.

17 ③

B가 성능이 떨어지는 제품이므로, 다음과 같은 네 가지 경우가 가능하다.

ⓐ A > B ≥ C
ⓑ A > C ≥ B
ⓒ C > A ≥ B
ⓓ C > B ≥ A

성능이 가장 좋은 제품은 성능이 떨어지는 두 종류의 제품 가격의 합보다 높으므로, 가격이 같을 수가 없지만, 성능이 떨어지는 두 종류의 제품 가격은 서로 같을 수 있다.

① ⓓ의 경우 가능하다.
② ⓒ의 경우 가능하다.
④ ⓒ, ⓓ의 경우 가능하다.

18 ④

다섯 사람 중 A와 B가 동시에 가장 먼저 작업을 하러 나가게 되었으며, C와 D는 A와 B보다 늦게 작업을 하러 나가게 되었음을 알 수 있다. 따라서 다섯 사람의 순서는 E의 순서를 변수로 다음과 같이 정리될 수 있다.

ⓐ E가 두 번째로 작업을 하러 나가게 되는 경우

첫 번째	두 번째	세 번째	네 번째
A, B	E	C 또는 D	C 또는 D

ⓑ E가 세 번째로 작업을 하러 나가게 되는 경우

첫 번째	두 번째	세 번째	네 번째
A, B	C 또는 D	E	C 또는 D

따라서 E가 C보다 먼저 작업을 하러 나가게 될 수 있으므로 ④와 같은 주장은 옳지 않다.

19 ①

문제에 봉착했을 경우, 차분하고 계획적인 접근이 필요하다. 자칫 우리가 흔히 알고 있는 단순한 정보들에 의존하게 되면 문제를 해결하지 못하거나 오류를 범할 수 있다.

※ 문제 해결을 위해 필요한 4가지 기본적 사고

ⓐ 전략적 사고를 해야 한다.
ⓑ 분석적 사고를 해야 한다.
ⓒ 발상의 전환을 하라.
ⓓ 내·외부 자원을 효과적으로 활용하라.

20 ④

B의 말이 참이라면 B는 신사업본부에 배정된 사람이다.
B의 진술에 따라 C도 신사업본부에 배정된 사람이다.
신사업본부 사람은 참말을 하므로 C의 진술은 참이므로 A와 같은 직급이다.
A는 C와 직급이 같으므로 같은 본부에 있을 수 없으므로 전략사업본부에 배정된 사람이고 전략사업본부 사람은 거짓말을 하므로 D는 전략사업본부가 아닌 신사업본부에 배정된 사람이다.
그러므로 B, C, D가 신사업본부에 배정된 사람이다. 그럼 자연스럽게 A, E, F가 전략사업본부에 배정된 사람이다.
A, E, F는 전략사업본부에 배정된 사람들로 모두 거짓말을 한 것이 된다.
그러므로 B, C는 차장이 아니다. 신사업본부 차장은 D가 된다.
B와 F, A와 C는 같은 직급이므로 전략사업본부 차장은 E가 된다.

21 ④

이웃한 레인끼리는 동일한 수영 방식을 사용할 수 없음을 주의하며 위의 조건에 따라 정리하면

구간 \ 레인	1번 레인 을	2번 레인 병	3번 레인 갑	4번 레인 정	5번 레인 무
첫 번째 구간	자유형	접영	배영	접영	평영
두 번째 구간	접영	배영	자유형	평영	접영
세 번째 구간	평영	자유형	평영	자유형	배영
네 번째 구간	배영	평영	접영	배영	자유형

22 ③

③ 전년 대비 10% 감액하게 될 정책은 '성과지표 달성도'에서만 '통과'를 받지 못한 A와 E정책이다.
① 전년도와 비교하여 동일한 금액이 편성될 정책은 C, F이다.
② B정책은 '성과지표 달성도' 평가에서 '통과'를 받았음에도 예산을 감액해야하는 정책이다.
④ 전년 대비 15% 감액하여 편성하게 될 정책은 B, D정책으로 두 정책 모두 '계획 대비 실적'에서 '미통과' 되었다.

23 ④

㉠ 정기 예금은 저축성 예금에 해당한다.
㉢ A는 단리, B는 복리가 적용된 정기 예금 상품이다.

24 ①

C가 4번째 정거장이므로 표를 완성하면 다음과 같다.

순서	1	2	3	4	5	6
정거장	D	F	E	C	A	B

따라서 E 바로 전의 정거장은 F이다.

25 ③

기획부는 회사에서 어떤 일을 꾀하여 계획하는 일을 맡아 보는 부서로, 제시된 업무는 기획부에서 담당하고 있는 업무이다.

26 ④

㈎ 기계적 구조	㈏ 유기적 구조
• 높은 전문화	• 기능 · 계층횡단
• 명확한 명령, 엄격한 부서화, 높은 공식화	• 자유로운 정보흐름, 낮은 공식화
• 좁은 통제 범위	• 넓은 통제 범위
• 집권화	• 분권화

27 ④

집단의사결정은 한 사람이 가진 지식보다 집단이 가지고 있는 지식과 정보가 더 많아 효과적인 결정을 할 수 있다. 또한 다양한 집단구성원이 갖고 있는 능력은 각기 다르므로 각자 다른 시각으로 문제를 바라봄에 따라 다양한 견해를 가지고 접근할 수 있다. 집단의사결정을 할 경우 결정된 사항에 대하여 의사결정에 참여한 사람들이 해결책을 수월하게 수용하고, 의사소통의 기회도 향상되는 장점이 있다. 반면에 의견이 불일치하는 경우 의사결정을 내리는데 시간이 많이 소요되며, 특정 구성원들에 의해 의사결정이 독점될 가능성이 있다.

28 ④

조직목표의 기능
• 조직이 존재하는 정당성과 합법성 제공
• 조직이 나아갈 방향 제시
• 조직구성원 의사결정의 기준
• 조직구성원 행동수행의 동기유발
• 수행평가 기준
• 조직설계의 기준

29 ③

ⓔ 유기적 조직은 비공식적 상호의사소통이 원활히 이루어
지며, 규제나 통제의 정도가 낮아 변화에 따라 쉽게 변할
수 있다.
규제나 통제의 정도가 높아 엄격한 위계질서 존재 → 기계
적 조직

30 ④

조직변화의 과정 … 환경변화 인지 → 조직변화 방향 수립 →
조직변화 실행 → 변화결과 평가

31 ②

① 기획부 ③ 자금부 ④ 인사부
※ 총무부의 주요 업무
　ⓐ 문서 및 직인관리
　ⓑ 주주총회 및 이사회개최 관련 업무
　ⓒ 의전 및 비서업무
　ⓓ 사무실 임차 및 관리
　ⓔ 차량 및 통신시설의 운영
　ⓕ 국내외 출장 업무 협조
　ⓖ 사내외 행사 관련 업무(경조사 포함)
　ⓗ 기타 타부서에 속하지 않는 업무 등

32 ②

하급자를 상급자에게 먼저 소개해 주는 것이 일반적이며,
비임원을 임원에게 먼저 소개하여야 한다. 또한 정부 고관
의 직급명은 퇴직한 경우라고 사용하는 것이 관례이다.

33 ②

'내가'라는 자아의식의 과잉은 팀워크를 저해하는 대표적인
요인이 될 수 있다. 팀워크는 팀 구성원이 공동의 목적을
달성하기 위해 상호 관계성을 가지고 서로 협력하여 일을
해나가는 것인 만큼 자아의식이 강하거나 자기중심적인 이
기주의는 반드시 지양해야 할 요소가 된다.

34 ④

동기부여 방법
　ⓐ 긍정적 강화법을 활용한다.
　ⓑ 새로운 도전의 기회를 부여한다.
　ⓒ 창의적인 문제해결법을 찾는다.
　ⓓ 책임감으로 철저히 무장한다.
　ⓔ 몇 가지 코칭을 한다.
　ⓕ 변화를 두려워하지 않는다.
　ⓖ 지속적으로 교육한다.

35 ④

④ 비전문가로부터 도움을 얻는다.
※ 고객만족을 측정하는데 있어 많은 사람들이 범하는 오류의
유형
　ⓐ 고객이 원하는 것을 알고 있다고 생각한다.
　ⓑ 적절한 측정 프로세스 없이 조사를 시작한다.
　ⓒ 비전문가로부터 도움을 얻는다.
　ⓓ 포괄적인 가치만을 질문한다.
　ⓔ 중요도 척도를 오용한다.
　ⓕ 모든 고객들이 동일한 수준의 서비스를 원하고 필요
로 한다고 가정한다.

36 ①

② 거래적 리더십 : 리더가 부하들과 맺은 거래적 계약관계
에 기반을 두고 영향력을 발휘하는 리더십
③ 카리스마 리더십 : 자기 자신과 부하들에 대한 극단적인
신뢰, 이들을 완전히 장악하는 거대한 존재감, 그리고
명확한 비전을 가지고 일단 결정된 사항에 대해서는
절대로 흔들리지 않는 확신을 가지는 리더십
④ 서번트 리더십 : 타인을 위한 봉사에 초점을 두고 종업원
과 고객의 커뮤니티를 우선으로 그들의 욕구를 만족시
키기 위해 헌신하는 리더십

37 ②

② 직위나 전문성, 외모 등을 활용하여 협상을 용이하게 하는 전략

① 갈등을 야기한 사람과 관리자를 연결시킴으로서 협상을 용이하게 하는 전략

③ 상대방에 대한 이해를 바탕으로 갈등해결을 용이하게 하는 전략

④ 과학적인 논리보다 동료나 사람들의 행동에 의해서 상대방을 설득하는 전략

38 ②

현재 동신과 명섭의 팀에게 가장 필요한 능력은 팀워크능력이다.

39 ③

임파워먼트는 권한 위임을 의미한다. 직원들에게 일정 권한을 위임함으로서 훨씬 수월하게 성공의 목표를 이룰 수 있을 뿐 아니라 존경받는 리더로 거듭날 수 있다. 권한 위임을 받은 직원은 자신의 능력을 인정받아 권한을 위임받았다고 인식하는 순간부터 업무효율성이 증가하게 된다.

40 ④

첫 번째 유형은 타협형, 두 번째 유형은 통합형을 말한다. 갈등의 해결에 있어서 문제를 근본적·본질적으로 해결하는 것이 가장 좋다. 통합형 갈등해결 방법에서의 '윈윈(Win-Win) 관리법'은 서로가 원하는 바를 얻을 수 있기 때문에 성공적인 업무관계를 유지하는 데 매우 효과적이다.

1 ②

'곤충에도 뇌가 있다(인간과 같다).'는 문장과 '인간의 뇌만큼 발달되어 있지 않다(차이).'는 문장으로 역접의 관계를 나타내는 접속어를 선택한다. 두 번째 괄호에는 '때문이다'로 보아 원인을 나타내는 접속사가 들어가야 한다.

2 ②

㉠은 '알다'의 기본적 의미로 '어떤 사실이나 존재, 상태에 대해 의식이나 감각으로 깨닫거나 느끼다'의 뜻이다. ②와 문맥적 의미가 동일하다.
① '사람이 어떤 일을 어떻게 할지 스스로 정하거나 판단하다'라는 뜻이므로 적절하지 않다.
③ '어떤 일을 할 능력이나 소양이 있다'라는 뜻이므로 적절하지 않다.
④ '어떤 사람이나 사물에 대하여 소중히 생각하다'라는 뜻이므로 적절하지 않다.

3 ④

저출산 문제의 원인으로 '직장 일과 육아 병행의 어려움'이 있으므로 해결 방안으로 '가정을 배려하는 직장 문화 조성'이 들어가야 적절하다.

4 ④

㉣ 과소비와 비슷한 말인 과시 소비라는 용어를 제시한 후 ㉡ 과시 소비라는 용어에 대해 설명하고 ㉠ 이러한 과시 소비를 문제로 지적하지 않고 오히려 과시 소비를 하는 자를 모방하려 한다는 내용과 모방 본능이 모방소비를 부추긴다는 내용을 제시한 후 ㉢ 모방소비라는 용어를 설명하며 이러한 모방소비가 큰 경제 악이 된다는 내용을 끝으로 글이 전개되는 것이 옳다.

5 ④

① 남에게 끼친 손해를 갚음
② 부족한 것을 보태어 채움
③ 모자라거나 부족한 것을 보충하여 완전하게 함
④ 상반되는 것이 서로 영향을 주어 효과가 없어지는 일

6 ③

③ '역학조사'는 '감염병 등의 질병이 발생했을 때, 통계적 검정을 통해 질병의 발생 원인과 특성 등을 찾아내는 것'을 일컫는 말로, 한자로는 '疫學調査'로 쓴다.
① '다중'은 '多衆'으로 쓰며, '삼중 구조'의 '중'은 '重'으로 쓴다.
② '출연'과 '연극'의 '연'은 모두 '演'으로 쓴다.
④ '일 따위가 더디게 진행되거나 늦어짐'의 뜻을 가진 '지연'은 '遲延'으로 쓴다.

7 ③

주어진 문장은 '정보화 사회의 그릇된 태도'에 대한 내용으로, 앞에서 제기한 문제에 대해서 본격적으로 해명하는 단계를 나타낸다. 따라서 앞에는 현상의 문제점을 제시하여 화제에 대한 도입이 이루어지는 내용이 나와야 하고, 다음에는 '올바른 개념이나 인식촉구'가 드러나는 내용이 이어져야 하므로 ㈐의 위치가 가장 알맞다.

8 ④

㈐ 뒤에 '분주하고 정신이 없는 장면을 보여 주고, 나중에 그 모습에 대해서 이야기하게 해 보자'라는 문장이 언급되고 바로 ㈑ 뒤에서 '어느 부분에 주목하고, 또 어떻게 그것을 해석했는지에 따라 즐겁기도 하고 무섭기도 하다.'라는 내용이 나온다. 따라서 이 두 문장을 논리적 흐름에 맞게 연결하면서 뒤의 내용을 전체적으로 포괄하기 위해 두 문장 사이에 (A)가 들어가는 것이 적절하다.

9 ③

$(2\ 4\ 6) \rightarrow 2$의 배수

$(4\ 8\ 12) \rightarrow 4$의 배수

$(6\ 12\ 18) \rightarrow 6$의 배수

$(8\ 16\ 24) \rightarrow 8$의 배수

10 ④

목요일에 비가 왔을 경우의 확률과 목요일에 비가 오지 않았을 경우의 확률을 더하면 된다.

목요일에 비가 오고, 금요일에 비가 올 확률 :

$$\frac{1}{3} \times \frac{1}{3} = \frac{1}{9}$$

목요일에 비가 오지 않고, 금요일에 비가 올 확률 :

$$\frac{2}{3} \times \frac{1}{4} = \frac{1}{6}$$

따라서 금요일에 비가 올 확률은

$$\frac{1}{9} + \frac{1}{6} = \frac{2+3}{18} = \frac{5}{18}$$이다.

11 ④

정가 $= 2200(1+0.3) = 2860$(원)

할인율을 x라 하면 $2860 \times (1-x) - 2200 = -484$이므로

$2860 - 2860x = 1716$

$x = 0.4$

즉, 4할을 할인한 것이다.

12 ①

시험을 응시한 여자사원의 수를 x라 하고, 여자사원의 총점 + 남자사원의 총점 = 전체 사원의 총점이므로

$76x + 72(100-x) = 73 \times 100$

식을 간단히 하면 $4x = 100$

∴ 여자사원은 25명이다.

13 ③

오전 9시 이후로 다시 동시에 출발할 때까지 걸리는 시간은 12와 27의 최소공배수이므로 $2^2 \times 3^3 = 108$(분)이다. 따라서 구하는 시각은 오전 9시로부터 108분 후 즉 1시간 48분 후인 오전 10시 48분이다.

14 ④

의자의 개수를 x라 하면

$5x + 1 = (x-11) \times 6 + 3$

$5x + 1 = 6x - 66 + 3$

∴ $x = 64$

15 ④

④ I공장의 2024년 전체 판매율 : $\frac{702}{794} \times 100 = 88.4\%$

16 ③

㉠ 직원들의 평균 실적 $= \frac{2+6+4+8+10}{6} = 5$건

㉣ 여자 직원이거나 실적이 7건 이상인 직원은 C, E, F로 전체 직원 수의 50% 이상이다.

㉡ 남자면서 실적이 5건 이상인 직원은 F뿐이므로 전체 남자 직원의 수의 50% 이하이다.

㉢ 실적이 2건 이상인 남자 직원의 수는 3명, 실적이 4건 이상인 여자 직원의 수 2명이다.

17 ④

조건에 따르면 자음은 세 개 이상만 연달아 나타날 수 없고, 중복 사용에 대한 제한은 없다. 한 단어에 같은 모음은 많아야 두 번 나올 수 있으므로 총 10개의 모음이 나올 수 있다. 따라서 '모음 – 자음 – 자음'의 형태가 총 10번 반복된다(글자 수는 총 30개).

그런데 자음은 중복 사용이 가능하므로 맨 처음의 모음 앞에 두 글자가 더 올 수 있게 되어 글자 수는 총 32개가 된다.

모든 단어에서 사용된 문자의 개수는 홀수이어야 하므로 32 – 1이 되어 총 31개가 된다.

18 ③

조건대로 고정된 순서를 정리하면 다음과 같다.

· B 차장 → A 부장
· C 과장 → D 대리
· E 대리 → ? → ? → C 과장

따라서 E 대리 → ? → ? → C 과장 → D 대리의 순서가 성립되며, 이 상태에서 경우의 수를 따져보면 다음과 같다.

㉠ B 차장이 첫 번째인 경우라면, 세 번째와 네 번째는 A 부장과 F 사원(또는 F 사원과 A 부장)이 된다.

㉡ B 차장이 세 번째인 경우는 E 대리의 바로 다음인 경우와 C 과장의 바로 앞인 두 가지의 경우가 있을 수 있다.

 – E 대리의 바로 다음인 경우: A 부장 – E 대리 – B 차장 – F 사원 – C 과장 – D 대리의 순이 된다.

 – C 과장의 바로 앞인 경우: E 대리 – F 사원 – B 차장 – C 과장 – D 대리 – A 부장의 순이 된다.

따라서 위에서 정리된 바와 같이 가능한 세 가지의 경우에서 두 번째로 사회봉사활동을 갈 수 있는 사람은 E 대리와 F 사원 밖에 없다.

19 ③

주어진 조건에서 확정 조건은 다음과 같다.

B, F	A, ( )	C, D, E 중 2명
( )	갑	( )

그런데 세 번째 조건에서 을은 C와 F에게 교육을 하지 않았다고 하였으므로 F가 있는 조와 이미 갑이 교육을 하는 조를 맡지 않은 것이 된다. 따라서 맨 오른쪽은 을이 되어야 하고 B, F로 이뤄진 조는 병이 교육할 수밖에 없다.

또한 이 경우, 을이 C를 교육하지 않았다고 하였으므로 을의 조는 D와 E가 남게 되며, C는 A와 한 조가 되어 결국 다음과 같이 정리될 수 있다.

B, F	A, C	D, E
병	갑	을

따라서 'C는 갑에게 교육을 받는다.'가 정답이 된다.

20 ③

명제가 항상 참이면 그 대우도 항상 참이다.

예금 메뉴, 조회 메뉴, 펀드 메뉴를 모두 이용하는 고객이 있다.

· 예금 메뉴를 이용하는 모든 고객은 조회 메뉴를 이용한다. (명제)

→ 조회 메뉴를 이용하는 모든 고객은 예금 메뉴를 이용한다. (역)

 예금 메뉴를 이용하지 않는 어떤 고객은 조회 메뉴를 이용하지 않는다. (이)

 조회 메뉴를 이용하지 않는 어떤 고객은 예금 메뉴를 이용하지 않는다. (대우)

· 조회 메뉴를 이용하는 어떤 고객은 이체 메뉴를 이용한다. (명제)

→ 이체 메뉴를 이용하는 어떤 고객은 조회 메뉴를 이용한다. (역)

 조회 메뉴를 이용하지 않는 모든 고객은 이체 메뉴를 이용하지 않는다. (이)

 이체 메뉴를 이용하지 않는 모든 고객은 조회 메뉴를 이용하지 않는다. (대우)

· 펀드 메뉴를 이용하는 모든 고객은 조회 메뉴를 이용한다. (명제)

→ 조회 메뉴를 이용하는 모든 고객은 펀드 메뉴를 이용한다. (역)

펀드 메뉴를 이용하지 않는 어떤 고객은 조회 메뉴를 이용하지 않는다. (이)

조회 메뉴를 이용하지 않는 어떤 고객은 펀드 메뉴를 이용하지 않는다. (대우)

21 ④

두 번째 조건을 부등호로 나타내면, C < A < E

세 번째 조건을 부등호로 나타내면, B < D, B < A

네 번째 조건을 부등호로 나타내면, B < C < D

다섯 번째 조건에 의해 다음과 같이 정리할 수 있다.

∴ B < C < D, A < E

① 주어진 조건만으로는 세 번째로 월급이 많은 사람이 A 인지, D인지 알 수 없다.

② B < C < D, A < E이므로 월급이 가장 많은 E는 월급을 50만 원을 받고, A와 D는 각각 40만 원 또는 30만 원을 받으며, C는 20만 원을, B는 10만 원을 받는다. E와 C의 월급은 30만 원 차이가 난다.

③ B의 월급은 10만 원, E의 월급은 50만 원이므로 합하면 60만 원이다.

C의 월급은 20만 원을 받지만, A는 40만 원을 받는지 30만 원을 받는지 알 수 없으므로 B와 E의 월급의 합은 A와 C의 월급의 합보다 많을 수도 있고, 같을 수도 있다.

22 ④

① 배출 시간은 수거 전날 저녁 7시부터 수거 당일 새벽 3시까지인데 일요일은 수거하지 않으므로 토요일 저녁 8시에 쓰레기를 내놓은 甲은 규정을 준수했다고 볼 수 없다.

② 공동주택에서 음식물 쓰레기를 배출할 경우 음식물 전용용기에 담아서 배출해야 한다.

③ 스티로폼은 별도로 묶어서 배출해야 하는 품목이다.

23 ④

• 블랙은 이 열이 실제로 온도계에 변화를 주지 않기 때문에 이를 '잠열(潛熱)'이라 불렀다.

→ ㉠ A의 온도계로는 잠열을 직접 측정할 수 없었다. - 참

• 눈이 녹는점에 있음에도 불구하고 많은 양의 뜨거운 물은 눈을 조금밖에 녹이지 못했다. 이는 잠열 때문이다.

→ ㉡ 얼음이 녹는점에 이르러도 완전히 녹지 않는 것은 잠열 때문이다. - 참

• A에서는 얼음이 녹으면서 생긴 물과 녹고 있는 얼음의 온도가 녹는점에서 일정하게 유지되었는데 이 상태는 얼음이 완전히 녹을 때까지 지속되었다.

→ ㉢ A의 얼음이 완전히 물로 바뀔 때까지, A의 얼음물 온도는 일정하게 유지된다. - 참

24 ④

주어진 글은 논리적 사고에 대한 글이며, 논리적인 사고를 하기 위해서는 생각하는 습관, 상대 논리의 구조화, 구체적인 생각, 타인에 대한 이해, 설득의 5가지 요소가 필요하다.

논리적인 사고의 핵심은 상대방을 설득할 수 있어야 한다는 것이며, 공감을 통한 설득에 필요한 가장 기본적인 사고력이 논리적 사고인 것이다.

25 ①

조직체제 구성요소

㉠ 조직목표 : 조직이 달성하려는 장래의 상태로 조직이 존재하는 정당성과 합법성을 제공한다. 전체 조직의 성과, 자원, 시장, 인력개발, 혁신과 변화, 생산성에 대한 목표가 포함된다.

㉡ 조직구조 : 조직 내의 부문 사이에 형성된 관계로 조직목표를 달성하기 위한 조직구성원들의 상호작용을 보여준다. 조직구조는 결정권의 집중정도, 명령계통, 최고경영자의 통제, 규칙과 규제의 정도에 따라 달라지며 구성원들의 업무나 권한이 분명하게 정의된 기계적 조직과 의사결정권이 하부구성원들에게 많이 위임되고 업무가 고정적이지 않은 유기적 조직으로 구분될 수 있다. 조직의 구성은 조직도를 통해 쉽게 파악할 수 있는

데, 이는 구성원들의 임무, 수행하는 과업, 일하는 장
소 등을 파악하는데 용이하다.

ⓒ 조직문화 : 조직이 지속되게 되면서 조직구성원들 간에
공유되는 생활양식이나 가치로 조직구성원들의 사고와
행동에 영향을 미치며 일체감과 정체성을 부여하고 조
직이 안정적으로 유지되게 한다. 최근 조직문화에 대한
중요성이 부각되면서 긍정적인 방향으로 조성하기 위한
경영층의 노력이 이루어지고 있다.

ⓔ 조직의 규칙과 규정 : 조직의 목표나 전략에 따라 수립되
어 조직구성원들의 활동범위를 제약하고 일관성을 부여
하는 기능을 하는 것으로 인사규정, 총무규정, 회계규
정 등이 있다. 특히 조직이 구성원들의 행동을 관리하
기 위하여 규칙이나 절차에 의존하고 있는 공식화 정도
에 따라 조직의 구조가 결정되기도 한다.

26 ③

직원 교육에 대한 업무는 인사과에서 담당하기 때문에 교
육세미나에 대해 인사과와 협의해야하지만 영업교육과 프
레젠테이션 기술 교육을 인사과 직원이 직접 하는 것은 아
니다.

27 ④

협의 사항 중 비서실과 관련된 내용은 없다.

28 ②

① 영업교육과 프레젠테이션 기술 교육
③ 연 2회
④ 영업직원의 영업능력 향상

29 ④

④ 브레인스토밍을 통해 모든 아이디어들이 제안되고 나면
이를 결합하고 해결책을 마련한다.

30 ②

조직구조의 유형
㉠ 기계적 조직
  • 구성원들의 업무가 분명하게 규정
  • 엄격한 상하 간 위계질서
  • 다수의 규칙과 규정 존재
㉡ 유기적 조직
  • 비공식적인 상호의사소통
  • 급변하는 환경에 적합한 조직

31 ①

사장의 일정에 관한 사항은 비서실에서 관리하나 비서실이
없는 회사의 경우 총무부(또는 팀)에서 비서업무를 담당하
기도 한다. 또한 신입사원 관리 및 교육은 인사부에서 관
리한다.

32 ②

ⓒ → 강력하고 견고한 유통망이 있을 경우, 고객을 세분화
    하여 제품 차별화 전략을 활용할 수 있다.
ⓔ → 차별화를 이루게 되면 경험과 노하우에 따른 더욱 특
    화된 제품이나 서비스가 제공되므로 신규기업 진입에
    대한 효과적인 억제가 가능하게 된다.
㉠ⓒ → 차별화에는 많은 비용이 소요되므로 반드시 비용측
    면을 고려해야 하며 일정 부분의 경영상 제약이
    생길 수 있다.
ⓜ → 지역별, 연령별, 성별 특성 등의 선호체계 구분이 뚜
    렷할 경우 맞춤형 전략 수립이 용이하다.

33 ④

박스 안의 고객은 전문가처럼 보이고 싶어 하는 고객의 유
형에 해당한다. 이러한 유형의 고객에게는 정면 도전을 피
하고 고객이 주장하는 내용의 문제점을 스스로 느낄 수 있
도록 대안이나 개선에 대한 방안을 유도해 내도록 해야 한
다. 또한, 대화 중에 반론을 하거나 자존심을 건드리는 행
위를 하지 않도록 주의하며 자신의 전문성을 강조하지 말
고 문제 해결에 초점을 맞추어 고객의 무리한 요망사항에
대체할 수 있는 사실을 언급한다.

34 ①

협상과정 … 협상 시작 → 상호 이해 → 실질 이해 → 해결 대
안 → 합의 문서

35 ②

'임파워먼트'란 조직성원들을 신뢰하고 그들의 잠재력을 믿
으며 그 잠재력의 개발을 통해 High Performance 조직이
되도록 하는 일련의 행위를 말한다.
  ※ 높은 성과를 내는 임파워먼트 환경의 특징
    ㉠ 도전적이고 흥미 있는 일
    ㉡ 학습과 성장의 기회
    ㉢ 높은 성과와 지속적인 개선을 가져오는 요인들에 대
       한 통제
    ㉣ 성과에 대한 지식
    ㉤ 개인들이 공헌하며 만족한다는 느낌
    ㉥ 상부로부터의 지원

36 ②

② 자아인식능력은 자기개발능력을 구성하는 하위능력 중
에 하나이다.
  ※ 대인관계능력을 구성하는 하위능력
    ㉠ 팀워크능력
    ㉡ 리더십능력
    ㉢ 갈등관리능력
    ㉣ 고객서비스능력

37 ④

변화에 소극적인 직원들을 성공적으로 이끌기 위한 방법
  ㉠ 개방적인 분위기를 조성한다.
  ㉡ 객관적인 자세를 유지한다.
  ㉢ 직원들의 감정을 세심하게 살핀다.

38 ③

㈑ - 개인의 감정을 활용한다.
㈒ - 과정과 방법이 아닌 결과에 초점을 맞추어야 한다.
  ※ 효과적인 팀의 핵심적인 특징
    ㉠ 팀의 사명과 목표를 명확하게 기술한다.
    ㉡ 창조적으로 운영된다.
    ㉢ 결과에 초점을 맞춘다.
    ㉣ 역할과 책임을 명료화시킨다.
    ㉤ 조직화가 잘되어 있다.
    ㉥ 개인의 강점을 활용한다.
    ㉦ 리더십 역량을 공유하며 구성원 상호간에 지원을 아
       끼지 않는다.
    ㉧ 의견의 불일치를 건설적으로 해결한다.
    ㉨ 개방적인 의사소통을 하고 객관적인 결정을 내린다.

39 ②

권위 전략이란 직위나 전문성, 외모 등을 이용하면 협상
과정상의 갈등해결에 도움이 될 수 있다는 것이다. 설득기
술에 있어서 권위란 직위, 전문성, 외모 등에 의한 기술이
다. 사람들은 자신보다 더 높은 직위, 더 많은 지식을 가
지고 있다고 느끼는 사람으로부터 설득 당하기가 쉽다. 계
장의 말씀보다 국장의 말씀에 더 권위가 있고 설득력이 높
다. 비전문가보다 전문가의 말에 더 동조하게 된다. 전문
성이 있는 사람이 그렇지 않은 사람보다 더 권위와 설득력
이 있다.

40 ②

갈등을 피하거나 타협으로 예방하려는 것은 문제를 근본적
으로 해결하기에 한계가 있으므로 갈등에 관련된 모든 사
람들의 의견을 받아 본질적인 해결책을 얻는 방법이 윈-
윈 갈등 관리법이다.

제4회 정답 및 해설

1 ①

섭렵 … 물을 건너 찾아다닌다는 뜻으로, 온갖 책을 널리 읽거나 여기저기 찾아다니며 경험함을 이르는 말이다.
② 곰곰이 잘 생각함 또는 그런 생각을 의미한다.
③ 괴로워하고 번뇌함을 의미하는 말이다.
④ 사람이 머리를 써서 사물을 헤아리고 판단하는 작용을 뜻한다.

2 ④

④ '즉'은 옳게 쓰여진 것으로 고쳐 쓰면 안 된다.

3 ③

㉠ 진의(眞意) : 속에 품고 있는 참뜻, 또는 진짜 의도를 말한다.
㉡ 진위(眞僞) : 참과 거짓 또는 진짜와 가짜를 통틀어 이르는 말이다.

4 ①

㉢ 책을 사와서 독서하는 방식이 현재에는 흔하다는 내용이 먼저 제시되고 ㉠ 근대 이전에는 책을 소유하는 것이 어려웠으며 책을 쓰고 읽는 일 자체를 아무나 할 수 없었다는 내용이 제시된 후 ㉤ 이와 같은 이유로 옛사람들의 독서와 공부 방법은 현재와 달랐다는 이야기가 나오고 ㉣ 관련된 김득신의 일화를 제시하며 ㉡ 그 일화에 대한 설명을 끝으로 글이 전개되는 것이 옳다.

5 ①

• 우리나라의 사회보장 체계는 사회적 위험을 보험의 방식으로 대처함으로써 국민의 건강과 소득을 보장한다.
• 혼자서 일상생활을 수행하기 어려운 노인 등에게 신체활동 또는 가사노동에 도움을 준다.
• 제조 · 판매업자가 장애인으로부터 서류일체를 위임받아 청구를 대행하였을 경우 지급이 가능한가요?
• 급속한 고령화에 능동적으로 대처할 수 있는 능력을 배양해야 한다.
• 고령 사회에 대비해 제도가 맞닥뜨린 문제점을 정확히 인식하고 개선방안을 모색하는 것이 필요하다.
① 완수 : 뜻한 바를 완전히 이루거나 다 해냄
② 대비 : 앞으로 일어날지도 모르는 어떠한 일에 대응하기 위하여 미리 준비함. 또는 그런 준비
③ 대행 : 남을 대신하여 행함
④ 수행 : 일정한 임무를 띠고 가는 사람을 따라감. 또는 그 사람

6 ②

①③④는 지문에서 확인할 수 있으나 ②는 지문을 통해 알 수 없는 내용이다.

7 ③

민아는 압박질문이나 예상치 못한 질문에 대해 걱정을 하고 있으므로 침착하게 대응하라고 조언을 해주는 것이 좋다.

8 ③

'줄여 간 게 아니라면 그래도 잘된 게 아니냐'는 위로에 반응이 신통치 않았고, '집이 형편없이 낡았다'고 토로했다. 이에 대해 이어지는 '낡았다고 해도 설마 무너지기야 하랴'라는 말에 위로치고는 어이가 없어서 웃었을 것으로 짐작할 수 있다.

9 ①

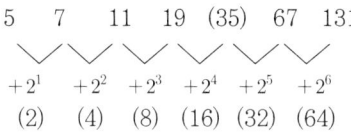

$$5 \quad 7 \quad 11 \quad 19 \quad (35) \quad 67 \quad 131$$

$$+2^1 \quad +2^2 \quad +2^3 \quad +2^4 \quad +2^5 \quad +2^6$$

$$(2) \quad (4) \quad (8) \quad (16) \quad (32) \quad (64)$$

10 ①

작년의 송전 설비 수리 건수를 x, 배전 설비 수리 건수를 y라고 할 때, $x+y=238$이 성립한다. 또한 감소 비율이 각각 40%와 10%이므로 올해의 수리 건수는 $0.6x$와 $0.9y$가 되며, 이것의 비율이 5 : 3이므로 $0.6x : 0.9y = 5 : 3$이 되어 $1.8x = 4.5y(\rightarrow x = 2.5y)$가 된다.

따라서 두 연립방정식을 계산하면, $3.5y = 238$이 되어 $y = 68$, $x = 170$건임을 알 수 있다. 그러므로 올 해의 송전 설비 수리 건수는 $170 \times 0.6 = 102$건이 된다.

11 ③

매출액은 100억, 물류비는 10억, 순이익은 5억이 된다. 물류비를 5% 추가 절감하면 10억에서 9억 5천이 되므로 순이익이 5억 5천만 원으로 증가하게 된다. 순이익을 매출액으로 환원하면 110억이므로 10억이 증가하게 된다.

12 ④

배의 속력을 x, 강물의 속력을 y라 하면

$$\begin{cases} \dfrac{100}{x-y} = 5 \Rightarrow x - y = 20 \\ \dfrac{100}{x+y} = 2 \Rightarrow x + y = 50 \end{cases}$$

$$\therefore x = 35(\text{km/시}), \ y = 15(\text{km/시})$$

13 ①

20리터가 연료탱크 용량의 $\dfrac{2}{3} - \dfrac{1}{3} = \dfrac{1}{3}$에 해당한다.

휘발유를 넣은 직후 연료는 40리터가 있으므로 300km 주행 후 남은 연료의 양은

$$40\text{L} - \dfrac{300\text{km}}{12\text{km/L}} = 40\text{L} - 25\text{L} = 15\text{L} \text{이다.}$$

14 ①

신용대출이므로 적용요율이 0.8% 적용된다.
500만 원 × 0.8% × (100/365) = 10,958원
원단위 절사하면 10,950원이다.

15 ①

시행 이후 두 주머니에 있는 검은 공의 개수가 같아지는 경우는 주머니 A에서 검은 공 두 개를 꺼내고 다시 주머니 B에서 검은 공 한 개, 흰 공 한 개를 꺼내는 경우, 주머니 A에서 검은 공 한 개, 흰 공 한 개를 꺼내고 다시 주머니 B에서 흰 공 두 개를 꺼내는 경우이다.

첫 번째 경우의 확률을 구하면

$$\dfrac{{}_4C_2}{{}_6C_2} \times \dfrac{{}_4C_1 \times {}_4C_1}{{}_8C_2} = \dfrac{6}{15} \times \dfrac{16}{28}$$

두 번째 경우의 확률을 구하면

$$\dfrac{{}_2C_1 \times {}_4C_1}{{}_6C_2} \times \dfrac{{}_5C_2}{{}_8C_2} = \dfrac{8}{15} \times \dfrac{10}{28}$$

정답 및 해설

따라서 두 주머니에 있는 검은 공의 개수가 같아졌을 때, 주머니 A에서 꺼낸 고이 모두 검은 공이었을 확률은 조건부 확률로써 다음과 같다.

$$\frac{\frac{6}{15} \times \frac{16}{28}}{\frac{6}{15} \times \frac{16}{28} + \frac{8}{15} \times \frac{10}{28}} = \frac{96}{96+80} = \frac{6}{11}$$

16 ④

㉠ 서울의 어음부도율은 차이가 없지만, 지방은 2월과 4월에 회복세를 보였다.

㉡ 1월 : $\frac{43}{130} \times 100 = 33\%$, 4월 : $\frac{37}{94} \times 100 = 39\%$

㉢ 어음부도율이 낮아지는 것은 국내 경기가 전월보다 회복세를 보이고 있다는 것으로 볼 수 있다.

17 ③

D가 치과의사라면 ㉣에 의해 C는 치과의사가 되지만 그렇게 될 경우 C와 D 둘 다 치과의사가 되기 때문에 모순이 된다. 이를 통해 D는 치과의사가 아님을 알 수 있다. ㉡과 ㉣때문에 B는 승무원, 영화배우가 될 수 없다. ㉤을 통해서는 B가 국회의원이 아니라 치과의사라는 사실을 알 수 있다. ㉣에 의해 C는 치과의사가 아니므로 D는 국회의원이라는 결론을 내릴 수 있다. 또한 ㉢에 의해 C는 영화배우가 아님을 알 수 있다. C는 치과의사도, 국회의원도, 영화배우도 아니므로 승무원이란 사실을 추론할 수 있다. 나머지 A는 영화배우가 될 수밖에 없다.

18 ④

총 8명의 선수 중 부장, 과장 각 1명, 대리 3명을 포함하고 나면 나머지 3명으로 경우의 수를 구성하게 된다. 이 3명은 사원+대리+부장+과장이며 사원은 0명 또는 2명이 출전한다.

따라서 사원이 출전하지 않을 경우와 2명이 출전할 경우에 대한 경우의 수를 구하면 된다.

〈사원 출전하지 않을 경우〉 〈사원 2명이 출전할 경우〉
대리0, 부장0, 과장3 　 대리0, 부장0, 과장1
대리0, 부장1, 과장2 　 대리0, 부장1, 과장0
대리1, 부장0, 과장2 　 대리1, 부장0, 과장0
대리1, 부장1, 과장1
대리2, 부장0, 과장1
대리2, 부장1, 과장0

따라서 총 9가지 경우의 수가 생기게 된다.

19 ②

• 착한 사람들 중에서 똑똑한 여자는 모두 인기가 많다. → 착함, 똑똑, 여자 → 인기 多
• 똑똑한 사람들 중에서 착한 남자는 모두 인기가 많다. → 똑똑, 착함, 남자 → 인기 多
• "인기가 많지 않지만 멋진 남자가 있다"라는 말은 거짓이다. → 멋진 남자 → 인기 多
• 영희는 멋지지 않지만 똑똑한 여자이다. → 멋지지 않음, 똑똑, 여자 → 순이
• 철수는 인기는 많지 않지만 착한 남자이다. → 인기 없음, 착함, 남자 → 철수 → 똑똑 못함
① 참 ② 거짓 ③ 참 ④ 참

20 ③

분석적 사고는 문제가 성과 지향, 가설 지향, 사실 지향의 세 가지 경우에 따라 각기 요구되는 사고의 특징을 달리한다.
① 성과 지향의 문제에 요구되는 사고의 특징이다.
② 사실 지향의 문제에 요구되는 사고의 특징이다.
④ 가설 지향의 문제에 요구되는 사고의 특징이다.

21 ③

⊙ 우선분배

S사 : 200억 원×0.05=10억 원

H사 : 600억 원×0.05=30억 원

ⓒ 나중분배[200−40(우선분배금)=160억 원]

S사 : 연구개발비＋광고홍보비=100억 원＋250억 원＝
350억 원

H사 : 연구개발비＋광고홍보비=300억 원＋150억 원＝
450억 원

→ 나중분배는 7 : 9로 나누어야 하므로 S사는 70억
원, H사는 90억 원을 분배받게 된다.

∴ S사는 총 80억 원, H사는 120억 원을 분배받는다.

22 ④

판매관리비가 각 50억 원씩 감축되어도 나중분배를 위한
분배기준이 변화하지 않는다. 순 이익도 이전과 같았으므
로 두 회사의 총 이익분배금이 이전과 변화가 없다.

23 ③

주어진 조건으로 두 가지 경우가 존재한다. 미경이의 앞의
말이 진실이고 뒤의 말이 거짓인 경우와 그 반대의 경우를
표로 나타내면 다음과 같다.

	나	타인	케이크
미경	참	거짓	먹음
진희	거짓	참	먹음
소라	참	거짓	안 먹음

	나	타인	케이크
미경	거짓	참	안 먹음
진희	참	거짓	안 먹음
소라	거짓	참	먹음

24 ①

⊙과 ⓒ에 의해 A − D − C 순서이다.

ⓗ에 의해 나머지는 모두 C 뒤에 들어왔다는 것을 알 수
있다.

ⓛ과 ⓜ에 의해 B − E − F 순서이다.

따라서 A − D − C − B − E − F 순서가 된다.

25 ②

조직 문화의 분류와 그 특징은 다음과 같은 표로 정리될
수 있다. ㈐와 같이 개인의 자율성을 추구하는 경우는 조
직문화의 고유 기능과 거리가 멀다고 보아야 한다.

관계지향 문화	• 조직 내 가족적인 분위기의 창출과 유지에 가장 큰 역점을 둠 • 조직 구성원들의 소속감, 상호 신뢰, 인화/단결 및 팀워크, 참여 등이 이 문화유형의 핵심가치로 자리 잡음
혁신지향 문화	• 조직의 유연성을 강조하는 동시에 외부 환경에의 적응성에 초점을 둠 • 따라서 이러한 적응과 조직성장을 뒷받침할 수 있는 적절한 자원획득이 중요하고, 구성원들의 창의성 및 기업가정신이 핵심 가치로 강조됨
위계지향 문화	• 조직 내부의 안정적이고 지속적인 통합/조정을 바탕으로 조직효율성을 추구함 • 이를 위해 분명한 위계질서와 명령계통, 그리고 공식적인 절차와 규칙을 중시하는 문화임
과업지향 문화	• 조직의 성과 달성과 과업 수행에 있어서의 효율성을 강조함 • 따라서 명확한 조직목표의 설정을 강조하며, 합리적 목표 달성을 위한 수단으로서 구성원들의 전문능력을 중시하며, 구성원들 간의 경쟁을 주요 자극제로 활용함

26 ①

조직체제 구성요소

㉠ 조직목표 : 조직이 달성하려는 장래의 상태로 조직이 존재하는 정당성과 합법성을 제공한다. 전체 조직의 성과, 자원, 시장, 인력개발, 혁신과 변화, 생산성에 대한 목표가 포함된다.

㉡ 조직구조 : 조직 내의 부문 사이에 형성된 관계로 조직목표를 달성하기 위한 조직구성원들의 상호작용을 보여준다. 조직구조는 결정권의 집중정도, 명령계통, 최고경영자의 통제, 규칙과 규제의 정도에 따라 달라지며 구성원들의 업무나 권한이 분명하게 정의된 기계적 조직과 의사결정권이 하부구성원들에게 많이 위임되고 업무가 고정적이지 않은 유기적 조직으로 구분될 수 있다. 조직의 구성은 조직도를 통해 쉽게 파악할 수 있는데, 이는 구성원들의 임무, 수행하는 과업, 일하는 장소 등을 파악하는데 용이하다.

㉢ 조직문화 : 조직이 지속되게 되면서 조직구성원들 간에 공유되는 생활양식이나 가치로 조직구성원들의 사고와 행동에 영향을 미치며 일체감과 정체성을 부여하고 조직이 안정적으로 유지되게 한다. 최근 조직문화에 대한 중요성이 부각되면서 긍정적인 방향으로 조성하기 위한 경영층의 노력이 이루어지고 있다.

27 ③

경영전략 추진과정

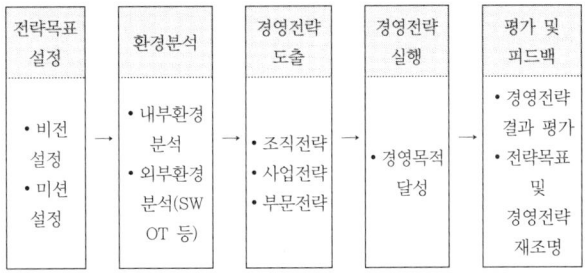

28 ②

② 영리조직은 대표적으로 사기업을 말한다.

29 ④

총무부는 주주총회 및 이사회개최 관련 업무, 의전 및 비서업무, 법률자문과 소송관리의 업무를 하며, 영업부가 외상매출금의 청구 및 회수, 판매예산의 편성, 견적 및 계약의 업무를 다룬다.

30 ④

변혁적 리더십은 조직구성원들로 하여금 리더에 대한 신뢰를 갖게 하는 카리스마는 물론, 조직변화의 필요성을 감지하고 그러한 변화를 이끌어 낼 수 있는 새로운 비전을 제시할 수 있는 능력이 요구되는 리더십이다.

31 ②

㉠ 사장직속으로는 3개 본부, 12개 처, 3개 실로 구성되어 있다.

㉡ 해외부사장은 2개의 본부를 이끌고 있다.

㉢ 노무처는 관리본부에, 재무처는 기획본부에 소속되어 있다.

32 ④

㉢ 노동조합의 기능이 다양하게 확대됨에 따라 근로자의 경영참가를 자연스럽게 받아들일 수밖에 없는 사회 전반적인 분위기 확산도 경영참가제도의 발전 배경으로 볼 수 있다.

㉺ 노사 양측의 조직규모는 지속적으로 거대화 되었으며, 이에 따른 사회적 책임이 증대되었고 노사관계가 국민경제에 미치는 영향이 커짐으로 인해 분쟁을 가능한 한 회피하고 평화적으로 해결하기 위한 필요성도 경영참가제도를 발전시킨 배경으로 볼 수 있다.

㉣ 기술혁신은 인력의 절감효과를 가져와 격렬한 노사분쟁을 유발하고 생산성 향상에 오히려 역효과를 초래하게 되어, 결국 이러한 문제 해결을 위해 노사 간의 충분한 대화가 필요해지며 이런 대화의 장을 마련하기 위한 방안으로 경영참가제도가 발전하였다고 볼 수 있다.

33 ②

위 대화에서 A변호사는 I-Message의 대화스킬을 활용하고 있다.

② I-Message가 아닌 You-Message에 대한 설명이다. 상대에게 일방적으로 강요, 공격, 비난하는 느낌을 전달하게 되면 상대는 변명하려 하거나 또는 반감, 저항, 공격성 등을 보이게 된다.

34 ④

OJT(On the Job Training ; 사내교육훈련)는 다수의 종업원을 훈련하는 데에 있어 부적절하다.

35 ④

이미지 메이킹은 언어적 및 비언어적인 커뮤니케이션의 수단이면서 동시에 적극적인 의사소통행위이다.

36 ③

① 의사소통능력
② 자기개발능력
④ 문제해결능력

37 ②

② 협상 상대가 협상에 대하여 책임을 질 수 있고 타결권한을 가지고 있는 사람인지 확인하고 협상을 시작해야 한다. 최고책임자는 협상의 세부사항을 잘 모르기 때문에 협상의 올바른 상대가 아니다.

38 ④

최 사장은 공장장 교체 요구를 철회시켜 자신에게 믿음을 보여 준 직원을 계속 유지시킬 수 있었고, 노조 측은 처우개선과 임금 인상 요구를 관철시켰으므로 'win-win'하였다고 볼 수 있다. 통합형은 협력형(collaborating)이라고도 하는데, 자신은 물론 상대방에 대한 관심이 모두 높은 경우로서 '나도 이기고 너도 이기는 방법(win-win)'을 말한다. 이 방법은 문제해결을 위하여 서로 간에 정보를 교환하면서 모두의 목표를 달성할 수 있는 해법을 찾는다. 아울러 서로의 차이를 인정하고 배려하는 신뢰감과 공개적인 대화를 필요로 한다. 통합형이 가장 바람직한 갈등해결 유형이라 할 수 있다.

39 ④

빈정거리는 유형의 고객은 상대에 대해서 빈정거리거나 또는 무엇이든 반대하는 열등감 또는 허영심이 강하고 자부심이 강한 사람이다.

40 ②

효과적인 팀은 결국 결과로 이야기할 수 있어야 한다. 필요할 때 필요한 것을 만들어 내는 능력은 효과적인 팀의 진정한 기준이 되며, 효과적인 팀은 개별 팀원의 노력을 단순히 합친 것 이상의 결과를 성취하는 능력을 가지고 있다. 이러한 팀의 구성원들은 지속적으로 시간, 비용 및 품질 기준을 충족시켜 준다. 결과를 통한 '최적의 생산성'은 바로 팀원 모두가 공유하는 목표이다.

선택지에 주어진 것 이외에도 효과적인 팀의 특징으로는 '팀의 사명과 목표를 명확하게 기술한다.', '창조적으로 운영된다.', '리더십 역량을 공유하며 구성원 상호 간에 지원을 아끼지 않는다.', '팀 풍토를 발전시킨다.' 등이 있다.

1 ③

발부 … 증서 · 영장 등을 발행함을 이르는 말이다.

2 ②

① 생각이나 판단력이 분명하고 똑똑함

② 병, 근심, 고생 따위로 얼굴이나 몸이 여위고 파리함

③ 용기나 줏대가 없어 남에게 굽히기 쉬움

④ 마음이나 기운이 꺾임.

3 ④

「• 돈의 사용에 대해서 견해를 달리한다.

• 학생들은 과학자보다 연예인이 되기를 더 선호한다.

• 오늘날 흡연은 사회적 쟁점이 되었다.

• 최근 북한의 인권 문제에 대하여 미국 의회가 문제를 제기하였다.

• 직장 내에서 갈등의 양상은 다양하게 표출된다.」

① 선호 : 여럿 가운데서 특별히 가려서 좋아함

② 제기 : 의견이나 문제를 내어놓음

③ 견해 : 어떤 사물이나 현상에 대한 자기의 의견이나 생각

④ 전제 : 어떠한 사물이나 현상을 이루기 위하여 먼저 내세우는 것

4 ③

㈑ '이 제도'라는 것을 보아 앞에 제도에 대한 설명이 있음을 알 수 있다. 따라서 제시된 글의 바로 뒤에 와야 한다.

㈐ ㈑에서 개념을 아는 것이 필요하다고 했으므로 뒤에서 설명이 시작됨을 알 수 있다.

㈏ '또한'이라는 말을 통해 ㈐의 이야기에 연결된다는 것을 알 수 있다.

㈎ 예산선과 무차별 곡선에 대한 이야기가 나오고, 특별한 조건이 없다면 이 둘의 접점에서 최적의 소비선택이 이루어진다고 말하고 있다.

㈓ '그런데' 이후는 ㈎에서 제시된 특별한 조건에 해당한다.

5 ②

② 다른 나라에 진출한 타 기업 수 현황 자료는 '다른 나라와의 경제적 연대 증진'이라는 해외 시장 진출의 의의를 뒷받침하는 근거 자료로 적합하지 않다.

6 ③

③ 뒤의 문장에서 '하지만 ~ 수단 역할을 하는 데 있다.'라는 말이 나오기 때문에 앞의 문장은 동물의 수단과 관계된 말이 와야 옳다.

7 ③

ⓛ 민주주의는 결코 하루아침에 이룩될 수 없는데 이것은 ㉣ 민주주의가 비교적 잘 실현되고 있는 서구 각국의 역사를 돌아보아도 그러한다. ㉺ 민주주의는 정치, 경제, 사회의 제도 자체에서 고루 이루어져야 할 것은 물론, 우리들의 의식 속에서 이루어져야 하기 때문인데 ㉢ 그렇게 본다면 이 땅에서의 민주 제도는 너무나 짧은 역사를 가지고 있다. ㉻ 우리의 의식 또한 확고하게 위임된 책임과 의무를 깊이 깨닫고, 민중의 뜻을 남김없이 수렴하여야 하며 ㉠ 수렴된 의도를 합리적으로 처리해야 할 것이다.

8 ③

다음 글에서는 토의에 대해 정의하고 토의의 종류에는 무엇이 있는지 예시를 들어 설명하고 있으므로 토론에 대해 정의하고 있는 ⓒ은 삭제해도 된다.

9 ④

$\frac{31-4}{3}=9$, $\frac{50-(5)}{5}=9$, $\frac{72-18}{6}=9$,

$\frac{100-28}{8}=9$

10 ①

처음의 초속을 분속으로 바꾸면 $6 \times 60 = 360\mathrm{m/min}$
출발지에서 반환점까지의 거리를 x라 하면

$\frac{x}{360}+\frac{4500-x}{90}=30$이므로 양변에 360을 곱하여 식을 간단히 하면

$x+4(4500-x)=10800$

$\therefore x = 2,400(\mathrm{m})$

11 ④

$x\%$의 이윤을 남겨 10개를 판매한 금액 : $500(1+x)\times10$
정가에서 $x\%$를 할인하여 판매한 금액 : $500(1+x)(1-x)\times50$
이때, 이윤은 0원이므로 원가500원인 지우개를 60개 판매한 금액과 동일하다.

$500(1+x)\times10+500(1+x)(1-x)\times50=500\times60 \rightarrow x = 0.2 \rightarrow 20\%$

12 ②

A국 : $(60\times15)+(48\times37)$
      $=900+1,776=2,676$만 원
B국 : $(36\times15)+(30\times35)+(60\times2)$
      $=540+1,050+120=1,710$만 원
따라서 $2,676-1,710=966$만 원
900만 원 초과 1,000만 원 이하가 정답이 된다.

13 ③

2배가 되는 시점을 x주라고 하면,
$(640+240x)+(760+300x)=2(1,100+220x)$
$540x-440x=2,200-1,400$, $100x=800$
$\therefore x = 8$

14 ②

외부인 식권 x, 내부인 식권 y라 하면
$x+y=14$
$2,000x+1,200y=23,200$
$y=14-x$
$2,000x-1,200x+16,800=23,200$
$800x=6,400$
$x=8$, $y=6$

15 ①

남자의 경우 지방섭취량이 증가할수록 혈중 납 농도가 감소하나 여자의 경우 혈중 납 농도는 지방섭취량에 관계없이 일정하다.

정답 및 해설

16 ③

③ 두 상품을 따로 경매한다면 A는 戊에게 50,000원에, B는 己에게 70,000원에 낙찰되므로 얻는 수입은 120,000원이다.

① 두 상품을 묶어서 경매한다면 최고가 입찰자는 己이다. 己가 낙찰 받는 금액은 110,000원으로 5% 할인을 해주어도 그 금액이 100,000원이 넘는다. 입찰자는 낙찰가의 총액이 100,000원을 초과할 경우 구매를 포기한다는 조건에 의해 己는 구매를 포기하게 되므로 낙찰자는 丙이 된다.

② 지현이가 얻을 수 있는 예상 수입은 두 상품을 따로 경매할 경우 120,000원, 두 상품을 묶어서 경매할 경우 95,000원으로 동일하지 않다.

17 ④

보기의 명제를 대우 명제로 바꾸어 정리하면 다음과 같다.

a. ~인사팀 → 생산팀(~생산팀 → 인사팀)
b. ~기술팀 → ~홍보팀(홍보팀 → 기술팀)
c. 인사팀 → ~비서실(비서실 → ~인사팀)
d. ~비서실 → 홍보팀(~홍보팀 → 비서실)

이를 정리하면 '~생산팀 → 인사팀 → ~비서실 → 홍보팀 → 기술팀'이 성립하고 이것의 대우 명제인 '~기술팀 → ~홍보팀 → 비서실 → ~인사팀 → 생산팀'도 성립하게 된다. 따라서 이에 맞는 결론은 보기 ⑤의 '생산팀을 좋아하지 않는 사람은 기술팀을 좋아한다.' 뿐이다.

18 ②

'so what?' 기법은 "그래서 무엇이지?"하고 자문자답하는 의미로, 눈앞에 있는 정보로부터 의미를 찾아내어, 가치 있는 정보를 이끌어 내는 사고이다. 주어진 상황을 보고 현재의 알 수 있는 것을 진단하는 사고에 그치는 것은 바람직한 'so what?' 기법의 사고라고 할 수 없으며, 무엇인가 의미 있는 메시지를 이끌어 내는 것이 중요하다. 보기 ②와 같이 상황을 망라하여 명확한 주장을 펼치는 사고가 'so what?' 기법의 핵심이라 할 수 있다.

19 ④

글의 내용을 분석해 보면 철이, 돌이, 석이 중 적어도 한 사람은 영이를 좋아한다.

철이가 영이를 좋아한다면 영이는 건강한 여성이다.
돌이가 영이를 좋아한다면 영이는 능력 있는 사람이다.
석이가 영이를 좋아한다면 영이는 원만한 성격의 소유자이다.

① 참
② 참
③ 참
④ 거짓(철이와 돌이가 둘 다 좋아할 수도 있음)

20 ③

- A : 영어 → 중국어
- B : ~영어 → ~일본어, 일본어 → 영어
- C : 영어 또는 중국어
- D : 일본어 ↔ 중국어
- E : 일본어

㉠ B는 참이고 E는 거짓인 경우
영어와 중국어 중 하나는 반드시 수강한다(C).
영어를 수강할 경우 중국어를 수강(A), 일본어를 수강(D)
중국어를 수강할 경우 일본어를 수강(D), 영어를 수강(E는 거짓이므로) → 중국어도 수강(A)
그러므로 B가 참인 경우 일본어, 중국어, 영어 수강

㉡ B가 거짓이고 E가 참인 경우
일본어를 수강하고 영어를 수강하지 않으므로(E) 반드시 중국어를 수강한다(C)
중국어를 수강하므로 일본어를 수강한다(D)
그러므로 E가 참인 경우 일본어, 중국어 수강

영식이가 반드시 수강할 과목은 일본어, 중국어이다.

27

21 ③

아르바이트 일수가 갑은 3일, 병은 2일임을 알 수 있다. 무는 갑이나 병이 아르바이트를 하는 날 항상 함께 한다고 했으므로 5일 내내 아르바이트를 하게 된다.

을과 정은 일, 월, 화, 목 4일간 아르바이트를 하게 된다.

① 수요일에는 2명, 나머지 요일에는 4명으로 인원수는 확정된다.

② 갑은 3일, 을은 4일, 병은 2일, 무는 5일 이므로 갑과 을, 병과 정의 아르바이트 일수를 합한 값은 7로 같다.

③ 병에 따라 갑이 아르바이트를 하는 요일이 달라지므로 아르바이트 하는 요일이 확정되는 사람은 세 명이다.

④ 일별 인원수는 4명 또는 2명으로 모두 짝수이다.

22 ④

하나씩 표를 통해 대입해 보면 다음과 같다.

이름	우성(동건)	인성	동건(우성)
지붕 색	빨간색(파란색)	노란색	파란색(빨간색)
애완동물	개(고양이)	도마뱀	고양이(개)
직업	농부(의사)	광부	의사(농부)

㉠ 동건은 빨간 지붕 집에 살지 않고, 우성은 개를 키우지 않는다. → 거짓

㉡ 노란 지붕 집에 사는 사람은 도마뱀을 키우지 않는다. → 거짓

㉢ 동건은 파란 지붕 집에 살거나, 우성은 고양이를 키운다. → 동건이 파란 지붕에 사는 것이므로 참

㉣ 동건은 개를 키우지 않는다. → 참

㉤ 우성은 농부다. → 농부일 수도 있고 아닐 수도 있다.

23 ②

문제처리능력이란 목표와 현상을 분석하고, 분석결과를 토대로 문제를 도출하여 최적의 해결책을 찾아 실행, 평가 처리해 나가는 일련의 활동을 수행하는 능력이라 할 수 있다. 이러한 문제처리능력은 문제해결절차를 의미하는 것으로, 일반적인 문제해결절차는 문제 인식(다), 문제 도출(나), 원인 분석(가), 해결안 개발(마), 실행 및 평가(라)의 5단계를 따른다.

24 ③

1학년 5반의 어떤 학생은 책 읽는 것을 좋아하고, 책 읽는 것을 좋아하는 사람은 집중력이 높으므로 1학년 5반의 어떤 학생은 집중력이 높다는 결론은 반드시 참이 된다.

25 ③

직무순환은 종업원들의 여러 업무에 대한 능력개발 및 단일직무로 인한 나태함을 줄이기 위한 것에 그 의미가 있으며, 여러 가지 다양한 업무를 경험함으로써 종업원에게도 성장할 수 있는 기회를 제공한다.

26 ②

제시된 글은 비공식 집단에 대한 설명이다.

②는 공식적 집단에 관한 설명이다.

27 ③

① 관계지향적인 문화이며, 조직구성원 간 인간애 또는 인간미를 중시하는 문화로서 조직내부의 통합과 유연한 인간관계를 강조한다. 따라서 조직구성원 간 인화단결, 협동, 팀워크, 공유가치, 사기, 의사결정과정에 참여 등을 중요시하며, 개인의 능력개발에 대한 관심이 높고 조직구성원에 대한 인간적 배려와 가족적인 분위기를 만들어내는 특징을 가진다.

② 높은 유연성과 개성을 강조하며 외부환경에 대한 변화지향성과 신축적 대응성을 기반으로 조직구성원의 도전의식, 모험성, 창의성, 혁신성, 자원획득 등을 중시하며 조직의 성장과 발전에 관심이 높은 조직문화를 의미한다. 따라서 조직구성원의 업무수행에 대한 자율성과 자유재량권 부여 여부가 핵심요인이다.

④ 조직내부의 통합과 안정성을 확보하고 현상유지차원에서 계층화되고 서열화된 조직구조를 중시하는 조직문화이다. 즉, 위계질서에 의한 명령과 통제, 업무처리 시 규칙과 법을 준수하고, 관행과 안정, 문서와 형식, 보고와 정보관리, 명확한 책임소재 등을 강조하는 관리적 문화의 특징을 나타내고 있다.

28 ④

레드오션은 경쟁을 목표로 하고, 존재하는 소비자와 현존하는 시장에 초점(시장경쟁전략)을 맞춘 반면, 블루오션은 비 고객에게 초점(시장창조전략)을 맞추고 새로운 수요를 창출하고자 한다.

29 ④

민츠버그의 경영자 역할
- ㉠ 대인적 역할 : 상징자 혹은 지도자로서 대외적으로 조직을 대표하고 대내적으로 조직을 이끄는 리더로서의 역할
- ㉡ 정보적 역할 : 조직을 둘러싼 외부 환경의 변화를 모니터링하고, 이를 조직에 전달하는 정보전달자로서의 역할
- ㉢ 의사결정적 역할 : 조직 내 문제를 해결하고 대외적 협상을 주도하는 협상가, 분쟁조정자, 자원배분자로서의 역할

30 ④

경조사비는 접대비에 해당하므로 접대비지출품의서나 지출결의서를 작성하고 30만 원을 초과하였으므로 결재권자는 대표이사에게 있다. 또한 누구에게도 전결되지 않았다.

31 ④

거래처 식대이므로 접대비지출품의서나 지출결의서를 작성하고 30만 원 이하이므로 최종 결재는 본부장이 한다. 본부장이 최종 결재를 하고 본부장 란에는 전결을 표시한다.

32 ④

오 대리가 들러야 하는 조직과 업무 내용은 다음과 같이 정리할 수 있다.
보고 서류 전달 – 비서실
계약서 검토 확인 – 법무팀
배차 현황 확인 – 총무팀
통관 작업 확인 – 물류팀

33 ①

중국의 경우 찻잔은 반만 채워야 한다. 반대로 찻잔과는 다르게 중국에서 술을 따를 시에는 술잔 가득히 따라야 존경을 의미하므로 되도록 가득 따르는 것이 좋다. 하지만, 차를 따를 시에는 반대로 가득 채우는 것이 사람을 업신여기는 의미가 되므로 잔의 반만 채우는 것이 예의이다.

34 ④

성공적으로 운영되는 팀은 의견의 불일치를 바로바로 해소하고 방해요소를 미리 없애 혼란의 내분을 방지한다.

35 ②

양질의 의사결정을 내리기 위해 단편적인 질문이 아니라 여러 질문을 고려해야 한다.

36 ④

동기부여 방법
- ㉠ 긍정적 강화법을 활용한다.
- ㉡ 새로운 도전의 기회를 부여한다.
- ㉢ 창의적인 문제해결법을 찾는다.
- ㉣ 책임감으로 철저히 무장한다.
- ㉤ 몇 가지 코칭을 한다.
- ㉥ 변화를 두려워하지 않는다.
- ㉦ 지속적으로 교육한다.

37 ①

〈사례2〉에서 희진은 자신의 업무에 대해 책임감을 가지고 일을 했지만 〈사례1〉에 나오는 하나는 자신의 업무에 대한 책임감이 결여되어 있다.

38 ①

다. 과정과 방법이 아닌 결과에 초점을 맞추어야 한다.

마. 개인의 강점과 능력을 최대한 활용하여야 한다.

바. 팀원 간에 리더십 역할을 공유하며 리더로서의 능력을 발휘할 기회를 제공하여야 한다.

아. 직접적이고 솔직한 대화, 조언 등을 통해 개방적인 의사소통을 하며 상대방의 아이디어를 적극 활용하여야 한다.

※ 효과적인 팀의 핵심적인 특징으로는 다음과 같은 것들이 있다.

㉠ 팀의 사명과 목표를 명확하게 기술한다.

㉡ 창조적으로 운영된다.

㉢ 결과에 초점을 맞춘다.

㉣ 역할과 책임을 명료화시킨다.

㉤ 조직화가 잘 되어 있다.

㉥ 개인의 강점을 활용한다.

㉦ 리더십 역량을 공유하며 구성원 상호 간에 지원을 아끼지 않는다.

㉧ 팀 풍토를 발전시킨다.

㉨ 의견의 불일치를 건설적으로 해결한다.

㉩ 개방적으로 의사소통한다.

㉪ 객관적인 결정을 내린다.

㉫ 팀 자체의 효과성을 평가한다.

39 ③

고객 불만 처리 프로세스

경청 → 감사와 공감표시 → 사과 → 해결약속 → 정보파악 → 신속처리 → 처리확인과 사과 → 피드백

40 ①

갈등을 확인할 수 있는 단서

㉠ 지나치게 감정적으로 논평과 제안을 하는 것

㉡ 타인의 의견발표가 끝나기도 전에 타인의 의견에 대해 공격하는 것

㉢ 핵심을 이해하지 못한 채 서로 비난하는 것

㉣ 편을 가르고 타협하기를 거부하는 것

㉤ 개인적인 수준에서 미묘한 방식으로 서로를 공격하는 것